The
Macro
Effect
of Residents' Income Distribution in China

王宋涛 著

中国居民收入分配的
宏观效应

社会科学文献出版社
SOCIAL SCIENCES ACADEMIC PRESS (CHINA)

前　言

改革开放以来，中国经济快速增长；与此同时，中国居民的收入分配差距相应加大。1980 年，中国居民收入基尼系数仅为 0.308，居民收入分配较为平均，此后基尼系数持续上升，2010 年高达 0.481，2012 年回落为 0.474，2020 年后保持在 0.47 上下（国家统计局数据）。

居民收入分配对中国经济社会的宏观影响已经形成一个相对独立的领域，国内外众多学者采用不同的研究方法和研究数据，从多个角度对此进行了丰富的研究，得出了一系列较有理论价值和现实意义的研究结论。与此同时，由于研究方法的不同以及研究数据的不同，不同学者的研究结论有所差异，甚至存在矛盾。

本书致力于建立一个一般化的理论分析框架，研究居民收入分配的宏观效应，为居民收入分配的经济社会影响研究提供一个合理的研究框架，同时利用该研究框架对中国的居民收入分配和宏观经济实践进行分析。

收入分配对宏观总量存在影响，根本原因是不同收入水平的个体的微观行为不同，并且个体的收入水平对其他微观经济变量的影响是非线性的。那么，不同收入分配情况对宏观总量的影响方向如何判断，影响程度如何评估呢？我们利用洛伦兹曲线函数刻画收入分配状况，并基于常见的帕累托收入分布，推导出一个包含基尼系数的洛伦兹曲线函数，在此基础上结合个体微观函数，构建了一个包含基尼系数（收入分配）的宏观总量函数。利用该宏观总量函数，我们严格证明：当且仅当个体以收入为变量的微观函数具有边际递减特征时，收入分配差距（基尼系数）越大，则宏观总量越小；反之亦然。由此，我们在实践中将对基尼系数和宏观总量之间数量关系的复杂的实证判断，转化为对个体微观函数特征，即以收入为变量的个体微观函数一阶导数和二阶导数的正负性的分析，降低了对实证研究工作中大量收入分配（基尼系数）样本数据的要求，也减少了实证研究中不稳健性和内生性等问题的影响。同时，有了包含基尼系数的宏观总量函数，我们便容易推导出差分公式，从而可以简单且直接地计算居民收入基尼系数变化对其他宏观总量变动的影响程度。利用所构建的研究框架，我们进行了一系列的应用研究。

（1）对于中国多年来存在的消费需求不足问题，学界普遍认为收入分配差距是一个重要的原因。利用上述研究框架，我们研究和评估了收入分配的宏观消费效应，即收入分配对国民总消费的影响。通过考察个体的效用函数，我们发现当个体的消费的边际效用弹性小于储蓄（财富）的边际效用弹性时，个体的边际消费倾向递减；再通过构建包含基尼系数的宏观消费函数可以证明，收入分配差距对国民总消费具有明显影响。利用 1996~2010 年中国省级面板数据进行估计，实证结果支持"个体的消费的边际效用弹性小于储蓄（财富）的边际效用弹性"的论断，也即中国居民的微观消费函数具有边际递减特征。运算结果表明：1996~2010 年，居民收入基尼系数增大导致居民总消费下降 510.9 亿元，相当于该时期居民总消费变化值的-1.06%。

（2）从居民收入（占 GDP）比重、城乡居民消费倾向、城乡居民收入差距、城镇化率、城镇居民和农村居民内部收入分配差距等多个因素角度对中国居民消费率下降的变动进行分解。研究结果表明，中国居民消费率下降的原因依次为居民收入比重下降、GDP 增长、城镇居民消费倾向降低、城镇居民基尼系数增大、农村居民基尼系数增大、农村居民消费倾向下降；居民消费率上升的原因依次为城镇化率提高、城乡收入差距扩大。居民收入比重变化对居民消费率下降的影响最大，相对贡献为 64.69%，城乡居民内部收入分配差距扩大也是居民消费率下降的一个原因，但不是主要原因。

（3）收入分配差距不但影响宏观消费和居民消费率，还影响居民的消费结构。本书通过构建模型和开展实证分析，分别从恩格尔系数（食品消费）和文化消费两个视角研究收入分配差距对居民消费结构的影响。理论推导和实证分析结果表明，由于食品消费的边际效用弹性低于非食品消费，因此一般而言，居民收入的边际食品消费倾向递减，从而收入分配差距扩大降低了居民总的食品消费，进而降低了国民总体恩格尔系数。中国居民恩格尔系数的低水平，在较大程度上是居民收入分配差距造成的，也即从指标来看，居民收入分配差距扩大反而"提高了"居民的总体生活水平，因此应该理性看待中国居民恩格尔系数的降低。另外，由于文化消费的边际效用弹性高于非文化消费的边际效用弹性，因此一般而言，居民收入的边际文化消费倾向递增，从而居民收入分配差距扩大会增加居民总的文化消费。这反映了中国居民的文化消费和文化发展并非完全由居民收入增加所导致，收入分配差距扩大在一定程度上提高了文化消费水平，中国居民的文化消费是一种不平衡的增长模式，要实现文化消费和文化发展平衡，必须缩小收入分配差距。

（4）居民健康水平是社会发展的一个重要指标，本书通过理论模型和数据实证分析收入分配差距对中国居民平均预期寿命的影响。研究发现收入分配差距通过微观机制和宏观效应对居民的平均预期寿命产生影响，微观机制包括社会心理机制（妒忌效应和剥夺效应）、资源配置效应和社会凝聚效应等；宏观效应也称"凹陷效应"，是指由于个体健康函数与收入的非线性关系（凹函数），以及收入对健康正面影响的极限性，收入分配差距扩大会降低总体的国民健康水平（预期寿命）。基于中国居民收入分配数据和健康数据的实证分析结果表明，收入分配差距扩大降低了居民的平均预期寿命，其中个体效应贡献率为73.80%，宏观效应贡献率为26.20%。

（5）国民福利增长是经济增长的最终目标，在经济增长的过程中往往伴随收入分配差距的加大，而收入分配差距加大又会降低国民福利水平。本书基于基数效用理论和个体基数效用函数，构建包含基尼系数的国民福利函数，严格证明收入分配差距加大会降低国民福利水平，从而导致国民福利增长和经济增长的不同步。基于居民数据的实证研究发现，居民收入分配差距加大降低了国民福利水平。因此，中国在发展经济的同时，必须防止收入分配差距的加大，如此才能实现国民福利和经济同步增长。

（6）本书的研究框架还可以应用于研究居民收入分配差距和宏观劳动收入份额的关系，探究中国宏观劳动收入份额下降（过低）的原因。通过构建个体劳动收入函数，基于 CES 生产函数推导发现，当资本和劳动的常替代弹性大于 1 时，居民收入的边际劳动收入倾向递减，从而居民收入分配差距和宏观劳动收入份额呈现负相关的关系。基于中国数据的实证分析结果表明，资本和劳动的常替代弹性大于 1，居民收入的边际劳动收入倾向递减，居民收入分配差距扩大伴随宏观劳动收入份额下降，居民收入分配差距扩大可解释宏观劳动收入份额下降的 15%。

（7）对居民收入分配差距和宏观劳动收入份额的负相关关系的进一步研究发现，资源错配是重要的影响因素。资源错配，也即资本和劳动力的错配，可以用人均资本（资本集约度）差异（基尼系数）进行衡量。理论推导表明，资源错配会降低国民劳动收入份额。使用中国数据的实证分析结果表明，资源错配降低了国民劳动收入份额。人力资本、外商直接投资、政府支出、资本产出比等因素都对国民劳动收入份额具有影响。

（8）资源错配对国民劳动收入份额产生影响的一个主要原因是存在资源市场分割，尤其是区域间的市场分割。由于户籍制度、土地制度、地方营商环境和政务法治环境的原因，资本和劳动力在区域市场间流动面临较大的成本，从而造成区域市场分割。利用本书的研究框架和理论模型，我们证明区域市场分割（资本市场分割和劳动力市场分割）会加剧资源错配，从而降低国民劳动收入份额。使用中国工业企业数据库中的微观数据构建市场分割指数和区域面板数据，实证分析结果表明，区域市场分割降低了中国企业的劳动收入份额。因此，通过促进国内区域市场一体化，能够有效提高国民劳动收入份额，缩小居民收入分配差距。

（9）区域市场分割对国民劳动收入份额产生了负面影响，制度环境在其中扮演重要的角色。基于区域制度环境变量的实证分析发现制度环境既直接影响了区域市场分割，又在市场分割影响劳动收入份额中起了调节作用，因此改善制度环境，能够抑制区域市场分割，从而抑制资源错配，提高国民劳动收入份额，缩小居民收入分配差距。

目　录

第一章 收入分配的宏观效应：一个分析框架

一 关于收入分配宏观效应的研究述评

收入分配如何影响宏观总量指标？对这个问题的研究迄今并没有形成一般化的结论。已有文献研究收入分配对宏观总量指标的影响主要从收入分配差距影响国民总福利和总消费两个视角开展。

庇古在 1920 年指出，由于收入的边际效用递减，所以收入分配差距越大，国民的总效用（福利）越低。由于在当时缺乏衡量多个个体收入分配差距的合适指标，判断收入分配差距对总福利的影响相对困难。阿特金森（Atkinson，1970）基于效用主义理论，使用洛伦兹曲线衡量收入分配，利用几何方法证明：当总收入既定，且收入分配服从相同分布时，收入分配越平均，国民总福利越大。他的证明有几个条件：首先限定总收入不变，其次限定收入分配服从相同分布，最后采用的还是几何方法。证明相对复杂，而且无法计量收入分配对国民总福利的影响。

在宏观消费领域，凯恩斯于 1936 年指出：当边际消费倾向递减时，收入分配差距扩大会降低总消费。Blinder（1975）使用 Rothschild 和 Stiglitz（1970）的"常均值分散定理"证明在边际消费倾向递减的假设下，收入分配差距越大，总消费越低。Blinder 的证明也有几个局限：

首先设定了最高和最低收入者的收入不变，其次使用的衡量收入分配差距的指标并不直观，不具备经济学意义。类似地，Blinder 的研究也无法准确计量收入分配对总消费的影响，他不例外地使用回归分析方法进行实证研究。然而，回归分析不可避免地存在一些不足。

回归分析方法无疑是常用的计量分析方法，但它仍然经常存在一些难以克服的问题。首先，对于内生性问题、共线性问题、变量遗漏问题，李子奈（2008）以及王美今和林建浩（2012）有较为详细的论述。其次，由于收入分配（收入分配差距）与宏观总量指标之间往往不是（对数）线性关系，因此在回归分析时设定的（对数）线性模型准确性通常存在不足。再次，衡量收入分配（收入分配差距）的指标数据往往可得性不强，如通常的基尼系数数据，要获得面板数据或大样本的截面数据会比较困难；在中国，公开的可信度高的（省级）基尼系数数据难以获得。最后，回归分析方法一般只用于分析收入分配对宏观总量的影响方向，由于共线性、变量遗漏、内生性以及自身的非线性关系，回归分析方法在计算收入分配对宏观总量的影响程度上，准确度有所欠缺。

与此同时，已有研究收入分配对宏观总量指标影响机制的文献，一般都只考察充分性条件，即在什么条件下，缩小（或扩大）收入分配差距会降低宏观总量指标，并没有考察必要性条件，由此导致不同学者之间的争论。比如，杨汝岱和朱诗娥（2007）认为边际消费倾向递减并不能保证缩小收入分配差距能提高总消费，而当边际消费倾向与收入呈"倒 U 形"时，缩小收入分配差距可以提高总消费；王宋涛和吴超林（2012）对该研究结论提出了商榷意见。

综上，已有文献并不能完全澄清，收入分配影响宏观总量指标的充分性条件和必要性条件，对于收入分配影响宏观总量指标的理论机制并没有完整的论述和彻底的理论推导；此外，除了回归分析方法，已有文献尚没有给出研究收入分配影响宏观总量指标的合适方法。本章将尝试在这几个方面展开研究。

二 收入分配差距的测度方法

（一）洛伦兹曲线

为了研究国民总收入在国民之间的分配问题，美国统计学家洛伦兹于 1905 年提出了著名的洛伦兹曲线（Lorenz curve）。洛伦兹曲线是由按照收入从低到高累计的一定人口数在总人口中的占比与这部分人口所获得的收入在总收入中的占比状况来表示的（如图 1-1 所示）。

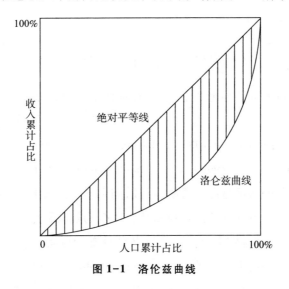

图 1-1　洛伦兹曲线

显然，0% 的人口占有 0% 的收入，100% 的人口占有 100% 的收入，于是洛伦兹曲线是一条向下弯曲的连接正方形两个对角的连接曲线：$L=L(p)$，其中 p 为人口累计占比，L 为收入累计占比，45° 对角线为绝对平等线。

设 $f(y)$ 为收入为 y 的人口占比，即概率密度函数，则有：

$$\int_0^\infty f(y)\,\mathrm{d}y = 1$$

由此，收入小于 y 的人口占比为：

$$p(y) = \int_0^y f(x)\,dx$$

人均收入可表示为：

$$\bar{y} = \int_0^\infty yf(y)\,dy$$

收入小于 y 的人口的累计收入占比为：

$$L = \frac{\int_0^y xf(x)\,dx}{\bar{y}}$$

洛伦兹积分为：

$$I = \int_0^1 L(p)\,dp = \frac{1}{\bar{y}}\int_0^\infty \left(\int_0^y xf(x)\,dx\right)f(y)\,dy$$

关于洛伦兹曲线函数的估计，主要有曲线拟合方法和分布函数方法。曲线拟合方法即选择适当的参数方程直接拟合洛伦兹曲线，国外学者 Beach 和 Davidson（1983）、Basmann 等（1990）、Ryu 和 Slottje（1996）、Sarabia 等（1999）以及 Chotikapanich 和 Griffiiths（2002）提出了各种形式的洛伦兹曲线方程，可以满足不同情况下的分析需要。这方面研究的主要方向是使曲线模型具有较少的限制和更强的适用性（成邦文，2005），在设定洛伦兹曲线以及估计参数时考虑变量的分布，以满足各种不同分布形式下的需要（Ryu and Slottje，1996；Chotikapanich and Griffiiths，2002；欧阳植和于维生，1994；程永宏和糜仲春，1998）。分布函数法是基于对指标的概率密度函数或概率分布函数的假设，估计分布函数，然后对洛伦兹曲线函数进行估计（McDonald and Xu，1995）。Sarabia（2008）总结了七个基于经典收入分布的洛伦兹曲线函数，其中基于经典帕累托（classical Pareto）收入分布和对数正态（log normal）收入分布的洛伦兹曲线是最常用的曲线。

（二）基尼系数

基尼系数由统计学家基尼（C. Gini）于 1912 年在其发表的一篇文

章中提出，并由里茨、道尔顿、因特马、阿特金森、纽伯伦、舍辛斯基以及其他学者做出进一步解释和分析（森，2006）。提出基尼系数的初衷并非用它来刻画贫富差异，而是提供一种无因次量（即不受量度单位大小影响的量），以刻画随机变量取值的离散程度。刻画随机变量取值离散程度最常用的统计量是方差和标准差，但它们在使用上有一不足，即其值与量度单位有关，另一个常用的统计指标是"变异系数"，是标准差与平均值之比，它为无量纲指标。但相对而言，基尼系数的取值在0和1之间，它更为直观。

基尼系数的直接定义是收入分配绝对平等线与洛伦兹曲线所围成的区域面积（图1–1中的阴影面积）与绝对平等线右下方三角形面积的比值，即：

$$G = 1 - 2\int_0^1 L(p)\,\mathrm{d}p$$

根据基尼系数的定义容易知道，基尼系数的取值范围在0和1之间，0表示绝对平均分配，而1则表示分配绝对不平均。

（三）基尼系数与其他测度指标比较

1. 相对平均离差

考察整体分配特征而不是简单地比较两个极值的测度方法是：比较个人的收入水平与平均值的差异，将全部差异的绝对值加总，再将这个总和与总收入相除，所得就是相对平均离差：

$$M = \sum_{i=1}^{n} |\mu - y_i| / n\mu$$

相对平均离差的主要不足在于：对于位于平均收入水平同一侧的从较穷之人到较富之人的收入转移来说，它是没有敏感性的。

2. 方差与变差系数

如果不是将离差绝对值简单相加，而是将它们平方以后再相加，则结果将更突出对平均值的离散程度。方差就是其中一个常用的统计量，其计算公式为：

$$V = \sum_{i=1}^{n} (\mu - y_i)^2 / n$$

根据计算公式可知，保持其他条件不变，任何从穷人到富人的收入转移都将增加方差，这满足了庇古-道尔顿条件。然而，方差依赖于平均水平，一种分配可能比另外一种有更大的相对差距，却有更小的方差，如果这一分配的平均收入水平更低的话。可以克服这种缺陷且针对相对差距的测度指标是变差系数，其计算公式为：

$$C = \sqrt{V} / \mu$$

变差系数对在任意收入水平上的收入转移都有很强的敏感性，并且对于任何不同收入水平的收入转移都赋予同样的权重。

3. 对数标准差

如果希望对较低水平的收入转移赋予更大的重要性，一个合理的方法就是采取能够错开收入水平的某种收入形式，如对数形式。对数标准差就是这样一个指标，其计算公式为：

$$H = \sum_{i=1}^{n} \left[(\ln\mu - \ln y_i)^2 / n \right]^{1/2}$$

对数标准差和方差一样也有仅依据平均值考察收入差异的局限性。

通过比较基尼系数和上述指标可以看出，相对平均离差不是十分理想的指标①。真正值得考虑的选择应该是在变差系数和对数标准差及基尼系数之间做出。

我们先考察庇古-道尔顿条件，显然变差系数和基尼系数都满足了该条件，也就是说，从高收入者向低收入者的收入转移将导致变差系数与基尼系数变小，而对数标准差不满足这一条件。

---

① 对收入分配"偏度"的测量被用于测度不平等，这必然使"对称性"与"平等性"发生混淆。一个无偏的对称分配未必是平等的分配。

再进一步考察相对敏感性，变差系数在各种收入水平上都有同样的敏感性，对数标准差却在低收入水平上有更大敏感性，而基尼系数不改变敏感性的方向。

通过以上比较可以看出，基尼系数是衡量收入分配差距的较好指标，而且它具有直观性，使用起来非常方便。

三 收入分配的宏观效应：影响机制

（一）一个包含基尼系数的宏观总量函数

设 $L=L(p)$ 为洛伦兹曲线函数，其中 $p \in [0, 1]$ 为收入由低到高排列的累计人口占比，L 为对应人口的累计收入占比。

设 N 为总人口，Y 为全部人口的总收入，则所有人口中收入排第 i 位的居民收入为：

$$y_i = Y\left[L\left(\frac{i}{N}\right) - L\left(\frac{i-1}{N}\right) \right]$$

设所有个体具有相同的连续可导的微观函数 $c=f(y)$，其中 y 为个体收入，c 为某个方面的微观经济变量，并且有 $f'(y)>0$，即该变量是收入的增函数，而 $C = \sum_{i=1}^{N} c_i$ 则为本书所指的宏观总量。则对应微观经济变量 c 的一国居民的宏观总量为：

$$C = \sum_{i=1}^{N} f\left(Y\left[L\left(\frac{i}{N}\right) - L\left(\frac{i-1}{N}\right) \right] \right)$$

下面基于具体的洛伦兹曲线推导包含基尼系数的宏观总量函数。

基于经典帕累托收入分布的洛伦兹曲线是最常用的曲线，Sarabia 等（1999）就基于经典帕累托收入分布发展出一族洛伦兹曲线函数并给出相应的基尼系数计算公式，该族洛伦兹曲线在现实中拟合效果非常好，被广泛应用。在此先使用基于经典帕累托收入分布的洛伦兹曲线，推导一个包含基尼系数的宏观总量函数。

根据 Sarabia（2008），基于经典帕累托收入分布的洛伦兹曲线函数为：

$$L(p) = 1 - (1-p)^B$$

对应的基尼系数为：

$$G = 1 - 2\int_0^1 L(p)\,\mathrm{d}p = 1 - 2\int_0^1 \left[1 - (1-p)^B\right]\mathrm{d}p = \frac{1-B}{1+B}$$

则参数 $B = \dfrac{1-G}{1+G}$。由此，得到以基尼系数 G 为参数的洛伦兹曲线函数：

$$L(p) = 1 - (1-p)^{\frac{1-G}{1+G}}$$

则对应微观经济变量 c 的一国居民的宏观总量为：

$$C = \sum_{i=1}^{N} f\left(Y\left[\left(1 - \frac{i-1}{N}\right)^{\frac{1-G}{1+G}} - \left(1 - \frac{i}{N}\right)^{\frac{1-G}{1+G}}\right]\right) = F(Y, G) \qquad (1\text{-}1)$$

可以看出，宏观总量 C 的决定函数包含总收入 Y 和基尼系数 G。

除了经典帕累托分布，另一个较为常用的收入分布是对数正态分布（成邦文，2005）。我们再使用基于对数正态收入分布的洛伦兹曲线，推导另一个包含基尼系数的宏观总量函数。

根据 Sarabia（2008），对数正态收入分布所对应的洛伦兹曲线函数为：

$$L(p) = \varnothing\left[\varnothing^{-1}(p) - \sigma\right]$$

对应的基尼系数为：

$$G = 2\varnothing(\sigma/\sqrt{2}) - 1 = 2\int_{-\infty}^{\sigma/\sqrt{2}} \frac{1}{\sqrt{2\pi}} e^{-\frac{t^2}{2}}\,\mathrm{d}t - 1$$

其中，$\varnothing(\cdot)$ 为标准正态分布的函数。则有：

$$\sigma = \sqrt{2}\,\varnothing^{-1}\left[(1+G)/2\right]$$

因为收入排第 i 位的居民收入为：

$$y_i = Y\left[L\left(\frac{i}{N}\right) - L\left(\frac{i-1}{N}\right)\right]$$

$$= Y\left(\varnothing\left\{\varnothing^{-1}\left(\frac{i}{N}\right) - \sqrt{2}\,\varnothing^{-1}\left[(1+G)/2\right]\right\} - \varnothing\left\{\varnothing^{-1}\left(\frac{i-1}{N}\right) - \sqrt{2}\,\varnothing^{-1}\left[(1+G)/2\right]\right\}\right)$$

同样地，可以得到对数正态收入分布下的宏观总量函数：

$$
\begin{aligned}
C &= \sum_{i=1}^{N} f \left[Y \begin{pmatrix} \varnothing\left\{ \varnothing^{-1}\left(\dfrac{i}{N}\right) - \sqrt{2}\varnothing^{-1}\left[(1+G)/2\right] \right\} \\ - \varnothing\left\{ \varnothing^{-1}\left(\dfrac{i-1}{N}\right) - \sqrt{2}\varnothing^{-1}\left[(1+G)/2\right] \right\} \end{pmatrix} \right] \\
&= F(Y,G)
\end{aligned} \tag{1-2}
$$

（二）收入分配的宏观效应

根据宏观总量函数可以知道，在总收入 Y 既定的情况下，宏观总量受基尼系数 G 的影响，而 G 怎么影响 C，实际上则取决于微观函数 $f(y)$ 的特征。早在 1920 年，庇古就指出，由于收入的边际效用递减，收入分配差距越大，社会的总福利（效用）越低；其中蕴含的理论即当收入效用函数为凹（二阶导数为负）时，收入分配差距扩大将降低总效用。而凯恩斯在 1936 年指出，由于个体的边际消费倾向递减，缩小收入分配差距可以提高总消费。由于各种原因，庇古和凯恩斯都没有对其结论进行论证。实际上，庇古也指出，当考虑两个个体时，由收入边际效用递减容易知道收入分配差距扩大降低总效用，但是，当个体多于两个时，用什么来衡量收入分配差距并考察它对社会总效用的影响则变得复杂。

我们首先考察二人的情形。

命题 1-1 当微观函数为凹（收入对微观经济变量的影响边际递减）时，缩小收入分配差距（实现高收入者向低收入者的收入转移）可以提高宏观总量。[①]

证明：设低收入者收入为 y_1，高收入者收入为 y_2，即 $y_1 < y_2$。假设

[①] 此时还需限定原高收入者收入转移之后的收入要高于原低收入者之前的收入，这是很多文献在证明时往往忽略的细节。简单起见，本章直接限定收入转移后原高收入者的现收入不低于原低收入者的现收入。

他们有相同的微观函数 $f(y)$，且 $\partial^2 f/\partial y^2 < 0$，此时总消费 $C = f(y_1) + f(y_2)$。

设由高收入者向低收入者转移收入 $(1-t)(y_2 - y_1)$，其中 $1/2 \leqslant t < 1$；则两人的收入分别变为 $y'_1 = t y_1 + (1-t) y_2$，$y'_2 = (1-t) y_1 + t y_2$。此时，总消费变为：

$$C' = f(y'_1) + f(y'_2)$$

由于 $\partial^2 f/\partial y^2 < 0$，即 $f(y)$ 为严格下凸函数，所以有：

$$f(y'_1) = f[t y_1 + (1-t) y_2] > t f(y_1) + (1-t) f(y_2)$$
$$f(y'_2) = f[(1-t) y_1 + t y_2] > (1-t) f(y_1) + t f(y_2)$$

从而：

$$f(y'_1) + f(y'_2) > f(y_1) + f(y_2)，即 C' > C$$

证毕。

从命题 1-1 可以初步判断，当微观函数为凹时，收入分配差距扩大会降低宏观总量。但二人情形的证明存在局限性，实际上当社会人数超过 2 人时，社会的收入分配变动是复杂的，这就需要一个衡量收入分配的较好指标。一般而言，较常用的衡量指标是基尼系数（或者说洛伦兹曲线），实际上阿特金森（Atkinson，1970）就利用了洛伦兹曲线，基于收入边际效用递减的假设，证明收入分配差距越大，社会总效用越低。

本章将使用上文基于经典帕累托收入分布和对数正态收入分布的洛伦兹曲线，利用代数的方法，严格证明，当微观函数为凹时，宏观总量是基尼系数的减函数。

命题 1-2 当 $f'(y) > 0$，$f''(y) < 0$，即微观函数为凹时，$\partial C/\partial G < 0$，即宏观总量是基尼系数的减函数。

证明（A）：假定收入呈经典帕累托分布。

设所有 N 个居民的收入从低到高为：

$$0<y_1<y_2<\cdots<y_N$$

因为 $f''(y)<0$，所以有：

$$f'(y_1)>f'(y_2)>\cdots>f'(y_N)>0 \tag{1-3}$$

做级数展开，得到：

$$\sum_{i=1}^{N}\left[\left(1-\frac{i-1}{N}\right)^{\frac{1-G}{1+G}}\ln\left(1-\frac{i-1}{N}\right)-\left(1-\frac{i}{N}\right)^{\frac{1-G}{1+G}}\ln\left(1-\frac{i}{N}\right)\right]=0 \tag{1-4}$$

令 $g(x)=(1-x)^a\ln(1-x)$，$0\leqslant x\leqslant 1$，$0<a<1$，则有：

$$g'(x)=-a(1-x)^{a-1}\ln(1-x)+\left(\frac{-1}{1-x}\right)(1-x)^a$$

$$=-(1-x)^{a-1}\left[a\ln(1-x)+1\right]$$

当 $x=1-\mathrm{e}^{-1/a}$ 时，$g'(x)=0$；当 $x<1-\mathrm{e}^{-1/a}$ 时，$g'(x)<0$，此时 $g(x)$ 为减函数；当 $x>1-\mathrm{e}^{-1/a}$ 时，$g'(x)>0$，此时 $g(x)$ 为增函数。

令 $i_0=\left[N-N\mathrm{e}^{-1/a}\right]$①，则有：

$$i_0<N-N\mathrm{e}^{-1/a}<i_0+1$$

从而：

$$\frac{i_0}{N}<1-\mathrm{e}^{-1/a}<\frac{i_0+1}{N}$$

当 $i<i_0$ 时，$\left(1-\frac{i-1}{N}\right)^{\frac{1-G}{1+G}}\ln\left(1-\frac{i-1}{N}\right)-\left(1-\frac{i}{N}\right)^{\frac{1-G}{1+G}}\ln\left(1-\frac{i}{N}\right)>0$；当 $i>i_0$ 时，$\left(1-\frac{i-1}{N}\right)^{\frac{1-G}{1+G}}\ln\left(1-\frac{i-1}{N}\right)-\left(1-\frac{i}{N}\right)^{\frac{1-G}{1+G}}\ln\left(1-\frac{i}{N}\right)<0$。

对等式（1-4）进行移项有：

$$\sum_{i=1}^{i_0}\left[\left(1-\frac{i-1}{N}\right)^{\frac{1-G}{1+G}}\ln\left(1-\frac{i-1}{N}\right)-\left(1-\frac{i}{N}\right)^{\frac{1-G}{1+G}}\ln\left(1-\frac{i}{N}\right)\right]$$

---

① $[x]$ 表示不大于 x 的最大整数。

$$= \sum_{i=i_0+1}^{N} \left[\left(1 - \frac{i}{N}\right)^{\frac{1-G}{1+G}} \ln\left(1 - \frac{i}{N}\right) - \left(1 - \frac{i-1}{N}\right)^{\frac{1-G}{1+G}} \ln\left(1 - \frac{i-1}{N}\right) \right]$$

其中，等式左边和等式右边的级数每一项都大于 0，对每一项分别乘以正的乘子"$f'(y_i)$"，再结合式（1-3），可得到：

$$\sum_{i=1}^{i_0} f'(y_i) \left[\left(1 - \frac{i-1}{N}\right)^{\frac{1-G}{1+G}} \ln\left(1 - \frac{i-1}{N}\right) - \left(1 - \frac{i}{N}\right)^{\frac{1-G}{1+G}} \ln\left(1 - \frac{i}{N}\right) \right] >$$

$$\sum_{i=i_0+1}^{N} f'(y_i) \left[\left(1 - \frac{i}{N}\right)^{\frac{1-G}{1+G}} \ln\left(1 - \frac{i}{N}\right) - \left(1 - \frac{i-1}{N}\right)^{\frac{1-G}{1+G}} \ln\left(1 - \frac{i-1}{N}\right) \right]$$

移项得：

$$\sum_{i=1}^{N} \left\{ f'(y_i) \left[\left(1 - \frac{i-1}{N}\right)^{\frac{1-G}{1+G}} \ln\left(1 - \frac{i-1}{N}\right) - \left(1 - \frac{i}{N}\right)^{\frac{1-G}{1+G}} \ln\left(1 - \frac{i}{N}\right) \right] \right\} > 0$$

从而：

$$\frac{\partial C}{\partial G} = \frac{-2Y}{(1+G)^2} \sum_{i=1}^{N} \left\{ f'(y_i) \left[\begin{array}{c} \left(1 - \frac{i-1}{N}\right)^{\frac{1-G}{1+G}} \ln\left(1 - \frac{i-1}{N}\right) \\ -\left(1 - \frac{i}{N}\right)^{\frac{1-G}{1+G}} \ln\left(1 - \frac{i}{N}\right) \end{array} \right] \right\} < 0$$

证毕。

证明（B）：假设收入分布为对数正态分布。

因为 $G = 2\varnothing(\sigma/\sqrt{2}) - 1 = 2\int_{-\infty}^{\sigma/\sqrt{2}} \frac{1}{\sqrt{2\pi}} e^{-\frac{t^2}{2}} dt - 1$，所以 $\partial G/\partial\sigma > 0$，从而只需证明 $\partial C/\partial\sigma < 0$。

因为宏观总量为：

$$C = \sum_{i=1}^{N} f\left(Y \left\{ \varnothing\left[\varnothing^{-1}\left(\frac{i}{N}\right) - \sigma \right] - \varnothing\left[\varnothing^{-1}\left(\frac{i-1}{N}\right) - \sigma \right] \right\} \right)$$

所以：

$$\frac{\partial C}{\partial\sigma} = \frac{Y}{\sqrt{2\pi}} \sum_{i=1}^{N} f'\left(Y \left\{ \varnothing\left[\varnothing^{-1}\left(\frac{i}{N}\right) - \sigma \right] - \varnothing\left[\varnothing^{-1}\left(\frac{i-1}{N}\right) - \sigma \right] \right\} \right) \times$$

$$\left\{ e^{-\frac{\left[\phi^{-1}\left(\frac{i-1}{N}\right)-\sigma\right]^2}{2}} - e^{-\frac{\left[\phi^{-1}\left(\frac{i}{N}\right)-\sigma\right]^2}{2}} \right\}$$

根据标准正态分布函数的定义，容易有：

$$\sum_{i=1}^{N}\left\{ e^{-\frac{\left[\phi^{-1}\left(\frac{i-1}{N}\right)-\sigma\right]^2}{2}} - e^{-\frac{\left[\phi^{-1}\left(\frac{i}{N}\right)-\sigma\right]^2}{2}} \right\} = 0$$

记 $\varphi(x) = e^{-\frac{\left[\phi^{-1}(x)-\sigma\right]^2}{2}}$ $(x \in [0, 1])$，则 $\varphi(0) = \varphi(1) = 0$，且函数 $\varphi(x)$ 先升后降，存在唯一极大值点。从而存在一个 i_0 $(1 < i_0 < N)$，使得：

$$\sum_{i=i_0+1}^{N}\left(e^{-\frac{\left[\phi^{-1}\left(\frac{i-1}{N}\right)-\sigma\right]^2}{2}} - e^{-\frac{\left[\phi^{-1}\left(\frac{i}{N}\right)-\sigma\right]^2}{2}} \right)$$
$$= \sum_{i=1}^{i_0}\left(e^{-\frac{\left[\phi^{-1}\left(\frac{i}{N}\right)-\sigma\right]^2}{2}} - e^{-\frac{\left[\phi^{-1}\left(\frac{i-1}{N}\right)-\sigma\right]^2}{2}} \right) \tag{1-5}$$

两边各项都大于 0。

因为居民收入是按照由低到高排列，即 $0 < y_1 < y_2 < \cdots < y_N$。因为 $f''(y) < 0$，所以有：

$$f'(y_1) > f'(y_2) > \cdots > f'(y_N) > 0$$

对式（1-5）两边各项分别乘以 "$f'(y_i)$"，容易有：

$$\sum_{i=i_0+1}^{N} f'(y_i)\left(e^{-\frac{\left[\phi^{-1}\left(\frac{i-1}{N}\right)-\sigma\right]^2}{2}} - e^{-\frac{\left[\phi^{-1}\left(\frac{i}{N}\right)-\sigma\right]^2}{2}} \right)$$
$$< \sum_{i=1}^{i_0} f'(y_i)\left(e^{-\frac{\left[\phi^{-1}\left(\frac{i}{N}\right)-\sigma\right]^2}{2}} - e^{-\frac{\left[\phi^{-1}\left(\frac{i-1}{N}\right)-\sigma\right]^2}{2}} \right)$$

移项得：

$$\sum_{i=1}^{N} f'(y_i)\left(e^{-\frac{\left[\phi^{-1}\left(\frac{i-1}{N}\right)-\sigma\right]^2}{2}} - e^{-\frac{\left[\phi^{-1}\left(\frac{i}{N}\right)-\sigma\right]^2}{2}} \right) < 0$$

从而：

$$\partial C/\partial\sigma<0,即\ \partial C/\partial G<0$$

证毕。

（三）微观函数特征唯一性的讨论

上文命题中微观函数为凹函数的条件是充分条件，那么是否存在其他微观函数的特征，也会使得收入分配差距扩大会降低宏观总量呢？国内有学者（杨汝岱和朱诗娥，2007）认为微观消费函数为凹并不能保证收入分配差距扩大会降低总消费，其结论源于对边际消费倾向的错误定义。他们还推导出命题，当边际消费倾向与收入呈现"倒 U 形"时，缩小收入分配差距才能提高总消费；实际上，其证明过程并不够严谨（王宋涛和吴超林，2012）。

那么，究竟微观函数具备什么特征，收入分配差距扩大会降低宏观总量呢？除了凹性特征以外，是否存在其他条件？对此我们有以下命题。

命题 1-3 当微观函数具有非严格凹性时，收入分配差距扩大不一定会降低宏观总量。

证明：当微观函数不严格为凹时，即存在某一个收入区间 $[y_s, y_t]$，当 $y \in [y_s, y_t]$ 时，有 $\mathrm{d}^2 f(y)/\mathrm{d}y^2 \geq 0$。设该区间的个体有 m 个（$i_1, i_2, \cdots, i_m$），收入排列为 $y_{i_1}<y_{i_2}<\cdots<y_{i_m}$，则：

$$0<f'(y_{i_1}) \leqslant f'(y_{i_2}) \leqslant \cdots \leqslant f'(y_{i_m})$$

设收入区间 $[y_s, y_t]$ 的 m 个个体的收入基尼系数为 G_m，总消费为 C_m（即将该 m 个个体看成一个整体计算基尼系数和总消费），类同命题 1-2 的证明方法，可以得到：

$$\frac{\partial C_m}{\partial G_m} = \frac{-2Y}{(1+G)^2} \sum_{i=i_1}^{i_m} \left\{ f'(y_i) \left[\begin{array}{l} \left(1 - \frac{i-1}{m}\right)^{\frac{1-G_m}{1+G_m}} \ln\left(1 - \frac{i-1}{m}\right) \\ -\left(1 - \frac{i}{m}\right)^{\frac{1-G_m}{1+G_m}} \ln\left(1 - \frac{i}{m}\right) \end{array} \right] \right\} \geqslant 0$$

若除 $[y_s, y_t]$ 外的其他收入区间的个体收入分配和消费倾向不发生变化,则当 G_m 变大(小)时,G 也变大(小),即 $\partial G_m / \partial G > 0$;当 C_m 变大(小),C 也变大(小),即 $\partial C / \partial C_m > 0$。从而:

$$\frac{\partial C}{\partial G} = \frac{\partial C}{\partial C_m} \times \frac{\partial C_m}{\partial G_m} \times \frac{\partial G_m}{\partial G} \geqslant 0$$

证毕。

命题 1-3 意味着,如果微观函数不为凹,即使缩小收入分配差距,也不一定能提高宏观总量。

四 收入分配的宏观效应:计量方法

(一)收入分配差距导致的宏观总量损失计算

本章建立的包含基尼系数的宏观总量函数可以计量基尼系数对宏观总量的影响。

根据式(1-1),当 $G = 0$,即居民收入分配完全相同时,$C_0 = F(Y, 0)$ 为收入分配完全平等的宏观总量,居民收入分配差距导致的宏观总量损失为①:

$$\begin{aligned} TC &= C_0 - C = F(Y,0) - F(Y,G) \\ &= Nf(Y/N) - \sum_{i=1}^{N} f\left(Y\left[\left(1 - \frac{i-1}{N}\right)^{\frac{1-G}{1+G}} - \left(1 - \frac{i}{N}\right)^{\frac{1-G}{1+G}}\right]\right) \end{aligned} \quad (1-6)$$

---

① 如果微观函数为严格凹函数,则宏观总量损失为正;如果是严格凸,则宏观总量损失为负。

则收入分配差距导致的宏观总量损失率为：

$$pTC = 1 - \sum_{i=1}^{N} f\left(Y\left[\left(1 - \frac{i-1}{N} \right)^{\frac{1-G}{1+G}} - \left(1 - \frac{i}{N} \right)^{\frac{1-G}{1+G}} \right] \right) / \left[Nf(Y/N) \right] \quad (1-7)$$

（二）收入分配变动对宏观总量变动的影响计量

当总收入不变时，根据式（1-1）可以计算基尼系数变化导致的宏观总量变化。假设基尼系数从 G_0 增大到 G_1，则宏观总量的变化（损失）为：

$$TC = C_0 - C_1$$

$$= \sum_{i=1}^{N} f\left(Y\left[\left(1 - \frac{i-1}{N} \right)^{\frac{1-G_0}{1+G_0}} - \left(1 - \frac{i}{N} \right)^{\frac{1-G_0}{1+G_0}} \right] \right)$$

$$- \sum_{i=1}^{N} f\left(Y\left[\left(1 - \frac{i-1}{N} \right)^{\frac{1-G_1}{1+G_1}} - \left(1 - \frac{i}{N} \right)^{\frac{1-G_1}{1+G_1}} \right] \right)$$

同样，可得到收入分配差距变化导致的宏观总量损失率：

$$pTC = 1 - \left\{ \frac{\sum_{i=1}^{N} f\left(Y\left[\left(1 - \frac{i-1}{N} \right)^{\frac{1-G_1}{1+G_1}} - \left(1 - \frac{i}{N} \right)^{\frac{1-G_1}{1+G_1}} \right] \right) /}{\sum_{i=1}^{N} f\left(Y\left[\left(1 - \frac{i-1}{N} \right)^{\frac{1-G_0}{1+G_0}} - \left(1 - \frac{i}{N} \right)^{\frac{1-G_0}{1+G_0}} \right] \right)} \right\}$$

一般而言，微观经济变量除了受收入影响之外，还受其他因素影响，这些因素会随时间而变化，设微观函数为：

$$c = f(y, z)$$

其中，z 为影响微观经济变量的非收入因素，会随时间而变化。则宏观总量可表示为：

$$C = \sum_{i=1}^{N} f\left(Y\left[\left(1 - \frac{i-1}{N} \right)^{\frac{1-G}{1+G}} - \left(1 - \frac{i}{N} \right)^{\frac{1-G}{1+G}} \right], z \right)$$

对 C 求差分，有：

$$\Delta C = \sum_{i=1}^{N} f_1\left(Y\left[\left(1 - \frac{i-1}{N} \right)^{\frac{1-G}{1+G}} - \left(1 - \frac{i}{N} \right)^{\frac{1-G}{1+G}} \right], z \right) \Delta Y$$

$$- \frac{2}{(1+G)^2} \sum_{i=1}^{N} f_1\left(Y\left[\left(1 - \frac{i-1}{N} \right)^{\frac{1-G}{1+G}} - \left(1 - \frac{i}{N} \right)^{\frac{1-G}{1+G}} \right], z \right)$$

$$\times \left[\left(1 - \frac{i-1}{N} \right)^{\frac{1-G}{1+G}} \ln\left(1 - \frac{i-1}{N} \right) - \left(1 - \frac{i}{N} \right)^{\frac{1-G}{1+G}} \ln\left(1 - \frac{i}{N} \right) \right] \Delta G$$

$$+ \sum_{i=1}^{N} f_2\left(Y\left[\left(1 - \frac{i-1}{N} \right)^{\frac{1-G}{1+G}} - \left(1 - \frac{i}{N} \right)^{\frac{1-G}{1+G}} \right], z \right) \Delta z$$

$$(1-8)$$

其中，$f_1(\cdot)$、$f_2(\cdot)$ 表示对第 1、第 2 个变量求偏导数。

将式（1-8）简单记为：

$$\Delta C = A_Y \Delta Y + A_G \Delta G + A_z \Delta z$$

则等式右边第一项表示居民收入变化对宏观总量的影响，第二项表示基尼系数变化对宏观总量的影响，第三项是其他因素变化对宏观总量的影响。各因素变化对宏观总量变化的贡献率分别为 $\dfrac{A_Y \Delta Y}{\Delta C}$、$\dfrac{A_G \Delta G}{\Delta C}$、$\dfrac{A_z \Delta z}{\Delta C}$。

由于差分公式实际上假设变量的变化是微小的，公式的推导过程中舍去了二阶及以上的项，比如 $\Delta Y \Delta G$，因此在应用中需要保证变量的变化率相对比较小，比如控制在 10% 以内，此时误差会比较小。后文的实证分析中将以年为时间变化的单位，计算跨年的变化，则必须在逐年计算后进行累加。

小　结

通过比较几种衡量收入分配差距的指标发现，基于洛伦兹曲线的基尼系数是衡量收入分配差距的较为合适指标。由于以往研究文献无法将基尼系数纳入宏观总量函数，因此难以分析收入分配对宏观总量指标的影响。本章利用洛伦兹曲线函数，通过构建一个包含基尼系数的宏观总量函数，给出收入分配影响宏观总量的机制。具体而言，本章在经典帕累托收入分布和对数正态收入分布的情形下，严格证明，当微观函数为严格凹（凸）函数时，收入分配差距扩大将降低（提高）宏观总量，而且当微观函数不为严格凹函数时，收入分配差距扩大不一定会降低宏观总量。因此，只要分析个体的微观函数，就可判断收入分配对宏观总量指标的影响方向。

此外，以往研究中，量化分析收入分配对宏观总量的影响大多采用回归分析方法，但它存在较多的局限性。本章利用包含基尼系数的宏观总量函数，给出计算收入分配差距导致的宏观总量损失计算公式以及收入分配变动对宏观总量变动影响的差分公式，这相对于传统的回归分析方法具有一定的改进。

利用本章的分析框架，可以具体分析收入分配的各种宏观效应。在后面各章中，我们将对收入分配的各个具体的宏观效应展开研究。

第二章 收入分配的宏观消费效应

一 关于收入分配宏观消费效应的研究综述

如果抛开带有伦理价值判断或者作为演化产物的人们对公平的偏好（Rawls, 1971；Sen, 1976；Dworkin, 1981；Ng, 1982；董志强, 2011），经济学者对收入分配的研究更多地从它对经济增长影响的视角进行。迄今为止，关于收入分配对经济增长的影响机制已经发展出若干理论模型，诸如政治经济模型、教育生育决策模型、社会稳定（动荡）模型和需求模型（尹恒等, 2002；赵西亮, 2003）。需求模型主要从宏观需求管理的角度来分析收入分配差距对经济增长的影响。关于收入分配差距对需求的影响，自凯恩斯开始就有所论述，凯恩斯认为由于不同收入水平的边际消费倾向不同，分配差距将影响消费需求，而消费需求是宏观总需求中最主要的引致性需求。因此，收入分配差距会导致宏观需求不足，影响经济增长。在实践中，各国政府在面临国内（消费）需求不足时，也倾向于通过再分配政策提高低收入群体的收入，以期扩大居民消费，提高总需求，促进经济增长。

就我国而言，自1997年下半年伊始，宏观经济逐渐由"供给不足"转向"需求不足"，而与许多发达国家的总需求不足主要起因于投资需求不足不同，我国总需求不足主要是消费需求不足，消费需求不足主要是由于居民消费需求不足（方福前, 2009）。针对居民消费需求不足（居民消费率下降）的原因，我国学者展开了大量的研究。宋国青

(2007) 和方福前 (2009) 认为居民收入比重下降是最主要的原因，陶传平 (2001)、臧旭恒和裴春霞 (2004) 以及杭斌和郭香俊 (2009) 等认为是制度与文化因素以及消费习惯等因素的影响，但更多的学者认为是我国居民收入分配差距扩大导致的居民消费需求不足，此类文献包括朱国林等 (2002)、李军 (2003)、马强 (2004)、臧旭恒和张继海 (2005)、钞小静等 (2009) 以及程磊 (2011)。以上各种观点都有一定的解释力，其中"收入比重下降"和"收入分配差距扩大"是比较主流的两种观点，但现有研究都没有将两个因素纳入同一个框架，因此无法进行比较分析，导致结论相斥。特别地，由于衡量收入分配差距的基尼系数进入消费函数比较困难，而实践中我国基尼系数的大样本数据可获得性又较差，因此研究收入分配差距对我国居民总消费的影响还有待进一步深入。

目前，大部分实证研究采用回归分析方法，但它存在不足。因此，要完整并准确量化收入分配差距对总消费的影响及其贡献度就显得尤为困难。而理论研究则由于新古典经济学模型大多采用代表性消费者的假设，基于异质性的收入差异变量难以进入消费函数。因此，基于数理模型推导的收入分配差距对居民消费影响的研究和计量方法就比较少见。我国学者李军 (2003) 以及吴易风和钱敏泽 (2004) 虽然对此有所探讨，尝试建立包含收入分配变量的消费模型，但他们的研究都基于特殊的二元模型，不具一般性，这种高度的抽象与新剑桥学派 (Kaldor, 1956) 的社会分层模型有着同样的局限性。

另外，虽然收入分配差距作为影响居民总消费的一个重要因素是毋庸置疑的，很多消费函数理论均隐含缩小收入分配差距能扩大消费需求的结论 (袁志刚和朱国林，2002)，但 Menchik 和 David (1983) 指出并不是所有形式的收入再分配政策 (缩小收入分配差距) 都会提高总消费。很多研究认为"公平"与"效率"不可兼得，缩小收入分配差距并不一定能扩大消费需求 (Blinder, 1975; Musgrove, 1980)，究其原因在于收入再分配影响居民总消费的理论基础 (假设) 一直以来并没有被完全认同，或者现实条件并不符合理论假设。凯恩斯直观地认为居民边际消费倾向递减，因此通过缩小收入分配差距可以提高总消费，但他并没有进行严格证明，并且其边际消费倾向递减的假设也缺乏微观基础，因此其理论一直颇受质疑。虽然不断有学者对凯恩斯的理论进行补充（Blinder，1975；Musgrove，1980），但其理论模型都存在局限性。我国也有学者（李军，2003）尝试对边际消费倾向递减是通过缩小分配差距提高居民总消费的条件进行论证，但其二元模型不具有一般性。杨汝岱和朱诗娥（2007）证明了边际消费倾向递减不能保证缩小收入分配差距可以提高总消费，而只有当收入与边际消费倾向呈"倒 U 形"时，缩小收入分配差距才可以提高居民总消费，但他们关于边际消费倾向的定义及模型假设值得商榷。可以说，关于缩小收入分配差距能提高总消费的条件，虽然有一些共识，但并未完全达成一致。

　　就已有的研究文献而言，大多认为缩小收入分配差距能提高总消费的基础（条件）是边际消费倾向递减。Modigliani（1954）基于生命周期假说（LCH）推导的消费函数和 Hall（1978）基于理性预期持久收入假说（RE-PIH）推导的消费函数都表明边际消费倾向是一个与收入无关的常数，但标准的 LCH 和 RE-PIH 都存在缺陷，由它们可以推出人们会在生命周期临近结束时发生负储蓄。然而，根据 Browning 和 Lusardi（2000）的实证研究，负储蓄并不显著，实际上人们总会留下很多遗产。Blinder（1975）通过引入遗赠动机建立有限生命周期的广义 LCH 模型，并推导出边际消费倾向递减的结论[1]，但广义 LCH 模型无法解释消费者基于风险及流动性约束的预防性储蓄，并且该模型考虑了消费者留下遗产却没有考虑消费者可能继承的遗产，存在

---

[1]　Blinder 并没有直接根据模型推导出边际消费倾向递减的结论，但他推导出的参数条件（遗赠的边际效用弹性大于消费的边际效用弹性，即遗赠相对消费是奢侈品）在现实中非常容易满足，因此 Blinder 认为边际消费倾向递减是可以成立的。实际上，我们确实没有什么理由认为遗赠的边际效用弹性会低于消费的边际效用弹性。Blinder 的模型局限在于其基本假设，而不在于基于推导出来的参数条件能否得出边际消费倾向递减结论。

内在逻辑缺陷①,从而其边际消费倾向递减的结论值得进一步探讨。

事实上,Kuznets(1942)在检验了 1869～1933 年美国的消费资料后发现,美国的长期平均消费倾向是稳定的,不符合边际(平均)消费倾向递减的规律,从而表明边际消费倾向递减并非一个理论命题,而是一个实证性命题,边际消费倾向是否递减只有通过现实的检验才能确定。关于边际消费倾向递减的参数检验,Haavelmo(1947)较早就给出了估计边际消费倾向的方法,但他基于线性消费函数的假定隐含边际消费倾向不变,存在逻辑缺陷②;Blinder(1975)也在其模型中给出参数检验方法,但一方面其模型存在不足,另一方面模型检验要依赖消费者一生的收入以及遗产的数量,这些数据在实践中较难得到,并且其模型不适合用于分析消费者短期收入的变化。

因此,本章拟通过引入财富效用假设,基于一个最优消费决策模型,推导出边际消费倾向递减的理论条件,并通过使用我国居民的数据进行参数校准,证实现阶段我国居民边际消费倾向递减。

二 收入分配影响总消费的模型分析

(一)最优消费决策模型

基于有限期生命的生命周期假说(Modigliani,1954)的模型推导结果表明消费者必然在其一生中消费掉其全部收入,甚至会出现负储蓄,但现实中负储蓄并不显著,人们往往还会留下储蓄(Browning and

---

① 如果消费者期初就继承了大量的遗产,那么其收入中用于遗赠的边际效用弹性未必就高于消费的边际效用弹性。虽然 Blinder 没有说明他所使用的"收入"数据有没有包括对遗产的继承,但实证研究中往往不包括这部分,实证研究更多还是基于短期的可持续收入进行检验。关于边际消费倾向中的"收入"数据的界定实际上成了对边际消费倾向是否递减的争论的一个原因。本章的模型将对此进行严格界定。

② 虽然基于线性消费函数也可以求出不同时期的不同边际消费倾向,但线性消费函数模型本身就存在逻辑缺陷。基于线性消费函数定义的边际消费倾向的逻辑缺陷可参见王宋涛和吴超林(2012)的研究。

Lusardi，2000）。由于仅将消费作为唯一效用来源，忽视了财富的效用，因此这些经典模型就不同程度地存在局限。Blinder（1975）在其广义生命周期假说的理论模型中引入财富效用（遗赠动机），建立了"王朝效用函数"：

$$U = \int_0^T \frac{C(t)^{1-\delta}}{1-\delta} e^{-\rho t} dt + \frac{bK_T^{1-\beta}}{1-\beta}, \delta, \beta > 0, b \geq 0$$

其中 $C(t)$ 为 t 时期的消费，K_T 表示消费者期末的资产，δ、β、b 为参数。

关于引入财富（遗赠）效用已有较多的研究，如 Kurz（1968）和 Zou（1994）。如果引入财富效用，那么消费者在短期的效用最大化就可以通过对消费和财富进行配置而实现。消费者保留储蓄（财富），不但可以基于遗赠动机，还可以基于预防性动机、流动性约束，甚至还有财富效用动机——由于财富带来的名誉、社会地位和成就感等。引入资产（财富）效用后，不同的理论就可以在一个统一的框架内进行解释，并且对于消费者在短期内通过减少消费而积累资产的行为，就可以用效用最大化假设来解释，解决了在仅考虑消费效用的情况下，消费者短期效用非最大化和长期效用最大化的冲突[1]（王宋涛等，2011）。

首先，我们对边际消费倾向（MPC）及边际消费倾向递减的概念进行界定[2]，考虑某个时期 t（可以是任何一个时间段），$c_t \geq 0$ 为消费者在 t 时期内的消费，$y_t \geq 0$ 为 t 时期内的收入，$M_t \geq 0$ 为消费者期初的资产，这里 y_t 是"流量"，M_t 是存量，y_t 不包含 M_t。

设消费者在 t 时期以当期收入为变量的消费函数为 $c_t = f(y_t)$，则定义边际消费倾向为：

---

[1]　实际上考虑资产效用后，（有限）多期最优就隐含单期最优，而代际传承（遗赠）的效用就包含于资产效用中。

[2]　国内学者（袁志刚和朱国林，2002；杨汝岱和朱诗娥，2007）使用线性消费函数 $c = a + by$ 定义 b 为边际消费倾向，该定义并不准确；而关于边际消费倾向递减的定义中，所使用的"收入"变量也并不明确，如 Blinder（1975）使用了一生的收入，而其他文献则使用了短期的收入。

$$dc_t/dy_t = f'(y_t)$$

如果 $d^2c_t/dy_t^2 = f''(y_t) < 0$，则称消费者的"边际消费倾向递减"。

由于消费者的消费受期初资产的影响，即函数 f 实际上还包含变量 M_t，即：

$$c_t = f(y_t, M_t)$$

从而边际消费倾向可进一步定义为：

$$\partial c_t/\partial y_t = f_{y_t}'(y_t)$$

如果 $\partial^2 c_t/\partial y_t^2 = f_{y_t}''(y_t) < 0$，则称消费者的"边际消费倾向递减"。

一般经济学模型中，预算约束都会表述为 $c_t = M_t + y_t$，即消费约束为期初资产与当期收入，则对于家庭中的非劳动力来说，可能存在 $c_t > y_t$ 的情形。但根据经验数据，以家庭为单位的消费一般都不大于当期收入，也即储蓄是常态；考虑消费的平滑性，我们假定：$c_t \leq y_t$。

其次，根据上文分析，设消费者的效用函数为：

$$W(c,s) = U(c) + bV(s)$$

其中 c 为消费，s 为财富（储蓄）；$U(c)$ 为消费效用函数，满足：

$$U'(c) > 0, U''(c) < 0, U'(0) = \infty, U'(\infty) = 0$$

$V(s)$ 为财富效用函数，满足：

$$V'(s) > 0, V''(s) < 0, V'(0) = \infty, V'(\infty) = 0$$

$b > 0$ 为财富效用的权重。为方便表述，我们省略了时期下标 t。

任何一个时期消费者在期初资产和当期收入既定（外生）的条件下进行消费决策。即：

$$W(c,s) = U(c) + bV(M+y-c) = W(c,y)$$

由于引入财富效用，则消费者效用最大化的消费决策条件在任何时期都必须满足，从而有：

$$\partial W/\partial c = U'(c) - bV'(M+y-c) = 0 \qquad (2-1)$$

本章采用宏观经济学中通用的常相对风险厌恶型（CRRA）效用函数，即：

$$W(c,s) = \frac{c^{1-\delta}}{1-\delta} + b\frac{s^{1-\beta}}{1-\beta}$$

其中，$-\delta$ 为消费的边际效用弹性，$-\beta$ 为财富的边际效用弹性。

根据效应函数的具体形式，可以得到以下命题。

命题 2-1　当消费的边际效用弹性小于财富的边际效用弹性，即 $-\delta < -\beta$ 时，收入的边际效用递减，即 $\partial^2 c / \partial y^2 < 0$。

证明：根据式（2-1），有：

$$c^{-\delta} - b(M+y-c)^{-\beta} = 0$$

则：

$$y = b^{1/\beta} c^{\delta/\beta} + c - M \tag{2-2}$$

从而：

$$\frac{\partial c}{\partial y} = \frac{1}{\partial y/\partial c} = \frac{1}{1 + b^{1/\beta}(\delta/\beta) c^{\delta/\beta-1}} > 0$$

$$\frac{\partial^2 c}{\partial y^2} = \frac{\partial\left(\frac{\partial c}{\partial y}\right)}{\partial c}\frac{\partial c}{\partial y} = \frac{\partial\left(\frac{1}{\partial y/\partial c}\right)}{\partial c}\frac{\partial c}{\partial y} = -\frac{(\delta/\beta)(\delta/\beta-1)b^{1/\beta}c^{\delta/\beta-2}}{[1+(\delta/\beta)b^{1/\beta}c^{\delta/\beta-1}]^3}$$

因为 $-\delta < -\beta$，故 $\delta/\beta > 1$，从而 $\partial^2 c / \partial y^2 < 0$，即边际消费倾向递减。

证毕。

（二）参数校准

为了研究收入分配差距对我国居民总消费的影响，需要判断居民的边际消费倾向的性质，根据命题 2-1，需要对参数 δ/β 进行校准。

对式（2-2）进行变换，有：

$$\ln(M+y-c) = \left(\frac{1}{\beta}\right)\ln(b) + \left(\frac{\delta}{\beta}\right)\ln(c)$$

其中 c 使用居民人均消费支出，y 使用居民人均可支配收入（纯收入），M 使用年初居民人均储蓄[①]。使用 1996~2010 年的省级面板数据，通过建立固定效应模型，采用广义最小二乘法进行估计，结果[②]表明参数 $\delta/\beta = 1.50$，也即 $\delta/\beta > 1$，这意味着 $-\delta < -\beta$，从而根据命题 2-1，有：

命题 2-2　我国居民的边际消费倾向递减。

（三）理论分析

设 $c = f(y)$ 为个体的微观消费函数，根据上文，有 $f'(y) > 0$，$f''(y) < 0$，则根据公式（1-1），可以得到宏观消费函数：

$$C = \sum_{i=1}^{N} f\left(Y\left[\left(1 - \frac{i-1}{N}\right)^{\frac{1-G}{1+G}} - \left(1 - \frac{i}{N}\right)^{\frac{1-G}{1+G}} \right] \right) = F(Y, G)$$

对宏观消费函数求基尼系数 G 的偏导数，得：

$$\frac{\partial C}{\partial G} = \frac{-2Y}{(1+G)^2} \sum_{i=1}^{N} f'(y_i) \left[\left(1 - \frac{i-1}{N}\right)^{\frac{1-G}{1+G}} \ln\left(1 - \frac{i-1}{N}\right) - \left(1 - \frac{i}{N}\right)^{\frac{1-G}{1+G}} \ln\left(1 - \frac{i}{N}\right) \right]$$

根据命题 1-2、命题 1-3，容易证明：

命题 2-3　我国居民收入分配差距扩大会降低居民总消费，即 $\partial C / \partial G < 0$。

命题 2-4　当边际消费倾向非单调递减时，降低基尼系数并不一定能提高居民总消费，反之亦然。

值得指出的是，命题 2-3 和 2-4 并非说明在边际消费倾向非单调递减时，分配与总消费就毫无关系。现实中边际消费倾向递减特征并非百分之百存在，只有在边际消费倾向递减的收入区间进行公平分配，或

---

① 人均数据使用城镇居民和农村居民的数据按人口比重进行加权，数据来源于历年各省份统计年鉴。
② 模型的估计结果非常好，限于章节安排，此处不给出详细结果。

者从高收入低边际消费倾向个体向低收入高边际消费倾向个体进行收入转移，才可以提高总消费。

（四）计量公式

根据公式（1-6），居民收入分配差距导致的宏观消费损失为：

$$TC = C_0 - C = F(Y,0) - F(Y,G)$$

$$= Nf(Y/N) - \sum_{i=1}^{N} f\left(Y\left[\left(1 - \frac{i-1}{N} \right)^{\frac{1-G}{1+G}} - \left(1 - \frac{i}{N} \right)^{\frac{1-G}{1+G}} \right] \right) \quad (2-3)$$

根据公式（1-7），收入分配差距导致的宏观消费损失率为：

$$pTC = 1 - \sum_{i=1}^{N} f\left(Y\left[\left(1 - \frac{i-1}{N} \right)^{\frac{1-G}{1+G}} - \left(1 - \frac{i}{N} \right)^{\frac{1-G}{1+G}} \right] \right) / \left[Nf(Y/N) \right] \quad (2-4)$$

由于居民总收入及基尼系数都在变化，因此收入分配差距导致的消费损失变化并不能用来解释基尼系数变化对居民总消费的影响，需要用差分公式对居民总消费进行分解。

为了便于估计，考虑边际消费倾向递减的特征，可设微观消费函数为幂函数 $f(y) = b_0 y^{b_1}$，其中 b_0 为影响个体消费的非收入因素，它随时间而变化，根据公式（1-8），有：

$$\Delta C = b_0 b_1 Y^{b_1-1} \sum_{i=1}^{N} \left[\left(1 - \frac{i-1}{N} \right)^{\frac{1-G}{1+G}} - \left(1 - \frac{i}{N} \right)^{\frac{1-G}{1+G}} \right]^{b_1} \Delta Y$$

$$- \frac{2b_0 b_1 Y^{b_1}}{(1+G)^2} \sum_{i=1}^{N} \left[\left(1 - \frac{i-1}{N} \right)^{\frac{1-G}{1+G}} - \left(1 - \frac{i}{N} \right)^{\frac{1-G}{1+G}} \right]^{b_1-1} \times$$

$$\left[\left(1 - \frac{i-1}{N} \right)^{\frac{1-G}{1+G}} \ln\left(1 - \frac{i-1}{N} \right) - \left(1 - \frac{i}{N} \right)^{\frac{1-G}{1+G}} \ln\left(1 - \frac{i}{N} \right) \right] \Delta G$$

$$+ Y^{b_1} \sum_{i=1}^{N} \left[\left(1 - \frac{i-1}{N} \right)^{\frac{1-G}{1+G}} - \left(1 - \frac{i}{N} \right)^{\frac{1-G}{1+G}} \right]^{b_1} \Delta b_0$$

$$+ b_0 Y^{b_1} \sum_{i=1}^{N} \left\{ \begin{array}{l} \left[\left(1 - \frac{i-1}{N} \right)^{\frac{1-G}{1+G}} - \left(1 - \frac{i}{N} \right)^{\frac{1-G}{1+G}} \right]^{b_1} \times \\ \ln\left(Y\left[\left(1 - \frac{i-1}{N} \right)^{\frac{1-G}{1+G}} - \left(1 - \frac{i}{N} \right)^{\frac{1-G}{1+G}} \right] \right) \end{array} \right\} \Delta b_1 \quad (2-5)$$

27

记 $\Delta C = A_Y \Delta Y + A_G \Delta G + A_z \Delta z$，则等式右边第一项表示居民收入变化对总消费的影响，第二项表示基尼系数变化对总消费的影响，第三项表示其他因素变化对总消费的影响。各因素变化对总消费变化的贡献率分别为 $\dfrac{A_Y \Delta Y}{\Delta C}$、$\dfrac{A_G \Delta G}{\Delta C}$、$\dfrac{A_z \Delta z}{\Delta C}$。

三　收入分配影响总消费的实证分析

（一）中国居民消费函数的估计

由于边际消费倾向具有递减性质，因此假定消费函数为幂函数的形式：$c = f(y) = b_0 y^{b_1}$。考虑到消费函数的参数（即非收入因素）是变化的，最好的办法是使用年度居民消费和收入的微观数据逐年进行估计。由于无法获得居民历年的微观数据，只能使用省级面板数据进行近似估计。面板回归模型提供了变截距和变系数两种方法，而变截距又有截面固定效应和时期固定效应两种，其中时期固定效应即允许截距随时期而变化，因此我们使用变截距的时期固定效应模型①，并通过 F 检验和 Hausman 检验判断采用变截距模型及固定效应模型的适用性。回归模型设定为：

$$LNCONS_{it} = a_0 + \gamma_t + a_1 LNINC_{it} + \varepsilon_{it}$$

其中，i（$=1, 2\cdots, 30$）表示省份（西藏及港澳台除外），t（$=1996, 1997, \cdots, 2010$）表示年份②。$LNCONS_{it}$ 为居民人均消费对数值，$LNINC_{it}$ 为居民人均收入对数值，γ_t 为时期固定效应。数据来源同上文，名义数据采用以 1996 年为基期的定基价格指数进行调整。F 检

---

① 这意味着消费函数的参数 b_0 随时期变化，而参数 b_1 不随时期变化；在缺少微观数据的情况下，这样的做法不失为一种合适的做法。

② 由于基尼系数及部分其他数据没有公开数据来源，都是笔者经过计算得到，为了保持数据前后一致，书中数据覆盖年份多为 1996~2010 年。数据主要用于检验各种研究假设，数据的年份不影响结论的有效性。

验结果支持选择变截距模型，Hausman 检验支持选择固定效应模型，使用广义最小二乘法（EGLS）对固定效应模型的异方差与序列相关性进行处理，估计结果如表 2-1 所示。

表 2-1 居民消费函数的估计

变量	系数	参数	1996 年	1997 年	1998 年	1999 年	2000 年
常数项	0.134445 ** （2.174）	γ_t	0.0477	0.0223	-0.0090	-0.0250	0.0080
LNINC	0.95189 *** （131.0）	$a_0 + \gamma_t$	1.1998	1.1697	1.1336	1.1157	1.1531
调整 R^2	0.9861	参数	2001 年	2002 年	2003 年	2004 年	2005 年
F 统计量	2128.072	γ_t	-0.0069	0.0048	-0.0021	-0.0038	0.0144
P 值	0.0000	$a_0 + \gamma_t$	1.1361	1.1495	1.1415	1.1396	1.1605
观测值	450	参数	2006 年	2007 年	2008 年	2009 年	2010 年
Hausman	4.1029 **	γ_t	0.0049	-0.0058	-0.0171	-0.0088	-0.0237
模型类型	固定效应	$a_0 + \gamma_t$	1.1495	1.1372	1.1245	1.1339	1.1171

注：括号内为 t 检验值；**、*** 分别表示 5%、1%的显著性水平。

从结果来看，F 统计量在 1%的水平上显著，调整 R^2 高达 0.9861，拟合效果较好。a_0 在 5%的水平上显著，系数 a_1 在 1%的水平上显著，$a_1 < 1$ 表明边际消费倾向递减。

根据对数模型，消费函数为 $c_t = b_{0t} y_t^{b_1}$，则 $b_{0t} = e^{a_0 + \gamma_t}$，由此可计算 b_{0t} 的值。

（二）收入分配影响居民消费倾向的回归分析

在此用回归分析方法研究收入分配与居民消费倾向的关系，参考 Musgrove（1980），以平均消费倾向为被解释变量，以基尼系数为解释变量，并引入实际收入和价格为控制变量，设定计量模型为：

$$APC_{it} = a_0 + a_1 INC_{it} + a_2 GINI_{it} + a_3 PRICE_{it} + u_i + \varepsilon_{it}$$

其中 APC_{it} 为居民平均消费倾向，INC_{it} 为居民人均可支配收入（纯收入)[1]，$GINI_{it}$ 为居民收入基尼系数，利用居民分组收入数据用分层加权法计算得出，$PRICE_{it}$ 为居民消费价格指数。数据时间跨度为 1996～2009 年。回归结果如表 2-2 所示。

表 2-2　收入分配影响居民消费倾向的回归结果

变量	固定效应	随机效应
常数项	0.6401*** (14.7441)	0.5112*** (12.4166)
INC	-7.52E-06*** (-12.8616)	-7.84E-06*** (-12.0870)
GINI	-0.0753*** (-2.5982)	-0.0444* (-1.1445)
PRICE	0.2635*** (7.4909)	0.2671*** (6.5501)
调整 R^2	0.8305	0.3790
F 统计量	63.1355	86.2750
P 值	0.0000	0.0000
观测值	420	420
方法	EGLS	EGLS

注：括号内为 t 检验值，*、*** 分别表示 10%、1% 的显著性水平。

固定效应模型的回归结果显示，基尼系数对平均消费倾向的影响系数显著为负，为 -0.0753，而随机效应模型的回归结果为 -0.0444，基本上可以断定，基尼系数对平均消费倾向有显著的负面影响，证实了本章的理论命题。即对于我国而言，居民收入分配差距扩大会降低居民的总消费（平均消费倾向）。

（三）中国居民收入分配差距导致的消费损失估计

进一步利用式（2-3）、式（2-4）计算 1996～2010 年收入分配差距导致的居民总消费绝对损失和相对损失。全国居民总消费使用城镇居民消费性支出与农村居民生活消费支出之和表示，居民总收入使用城镇居民可支配收入和农村居民纯收入之和表示。基尼系数则利用城乡居民

---

[1]　使用城镇居民人均可支配收入和农村人均纯收入按人口比重加权得到。

内部基尼系数和城乡居民人均收入按照城乡加权法进行计算①，其中城镇居民内部基尼系数使用分组收入数据计算得到，1996~2007 年的农村居民内部基尼系数转引自陈建东（2010）的研究，2008~2010 的农村居民内部基尼系数直接采用国家统计局数据，消费函数参数来源于上文的估计，其他指标数据及原始数据来源于《中国统计年鉴》。所有名义数据都使用定基价格指数（1996 年为基期）进行调整，各指标的数据见表 2-3。

表 2-3 居民总收入等各指标

年份	居民总收入（亿元）	居民总消费（亿元）	城镇基尼系数	农村基尼系数	居民基尼系数	b_0	总人口（万人）
1996	34439.30	27997.27	0.2671	0.3229	0.3688	1.1998	122389
1997	35911.52	28506.10	0.2807	0.3285	0.3690	1.1697	123626
1998	38992.87	30046.81	0.2896	0.3369	0.3765	1.1336	124761
1999	43265.91	32773.19	0.2989	0.3361	0.3894	1.1157	125786
2000	46161.70	35760.55	0.3125	0.3536	0.4073	1.1531	126743
2001	50121.32	38095.65	0.3259	0.3603	0.4197	1.1361	127627
2002	57077.52	43883.95	0.3861	0.3646	0.4501	1.1495	128453
2003	61952.45	47080.50	0.3973	0.368	0.4615	1.1415	129227
2004	65257.84	49385.97	0.4057	0.3692	0.4627	1.1396	129988
2005	71443.98	54666.54	0.4116	0.3751	0.4663	1.1605	130756
2006	78958.29	59466.93	0.4078	0.3737	0.4681	1.1495	131448
2007	85852.90	63460.24	0.4035	0.3730	0.4691	1.1372	132129
2008	89268.87	64879.49	0.4121	0.3800	0.4718	1.1245	132802
2009	100358.87	73149.59	0.4059	0.3900	0.4713	1.1339	133450
2010	107802.33	76898.83	0.3990	0.3847	0.4613	1.1171	134091

① 计算公式为：$G=p_c^2(u_c/u)G_c+p_r^2(u_r/u)G_r+p_cp_r|u_c-u_r|/u$，其中 G、G_c、G_r 为总体基尼系数、城镇基尼系数和农村基尼系数，p_c、p_r 分别为城乡人口比重，u_c、u_r 分别为城乡人均收入，u 为居民人均收入。这个方法是由 Sundrum（1990）推导出来的，原著中推导的是适合 N 个部门的计算公式，这里用的计算公式是将之简化为两部门的情况，可称之为"城乡加权法"。关于这个方法的适用性可参见周云波（2009）。

根据式（2-3）、式（2-4）使用 C++语言编写程序并使用 Visual C++ 6.0 软件进行计算，结果如表 2-4 所示。

表 2-4　居民收入分配差距导致的总消费损失

年份	居民总消费		C_0 （亿元）	TC （亿元）	pTC （％）
	计算值 （亿元）	相对误差 （％）			
1996	27710.78	-1.02	28198.72	487.95	1.74
1997	28125.40	-1.34	28621.33	495.93	1.74
1998	29467.25	-1.93	30013.71	546.46	1.82
1999	31978.09	-2.43	32624.01	645.92	1.97
2000	35082.05	-1.90	35877.58	795.53	2.22
2001	37323.78	-2.03	38239.26	915.48	2.40
2002	42540.56	-3.06	43799.06	1258.50	2.87
2003	45593.87	-3.16	47038.59	1444.72	3.07
2004	47829.44	-3.15	49355.99	1526.55	3.09
2005	53073.37	-2.91	54804.08	1730.72	3.17
2006	57814.01	-2.78	59719.67	1905.67	3.20
2007	61945.32	-2.39	63999.36	2054.05	3.21
2008	63551.83	-2.05	65693.24	2141.40	3.26
2009	71660.05	-2.04	74067.52	2407.47	3.25
2010	75738.63	-1.51	78135.72	2397.09	3.07
平均	47295.63	-2.25	48679.19	1383.56	2.84

注：第 2 列为根据公式（2-3）使用居民总收入计算的居民总消费；第 3 列为居民总消费计算值与实际值的相对误差。

可以看到，1996～2010 年，收入分配差距导致的消费损失平均为 1383.56 亿元（1996 年不变价，下同），损失率为 2.84%；其中 1996～1997 年的损失率最低，为 1.74%，2008 年的消费损失率最高，达 3.26%。可见收入分配差距导致的消费损失相对较大，实际上 1996～2010 年，我国居民总消费年均也仅增加 3492.97 亿元。因此，通过缩小居民收入分配差距，可以较大地提高居民总消费，不但提高居民整体的生活（福利）水平，还可以扩大宏观总需求。

（四）收入分配变化对居民总消费变化的贡献测度

根据各指标历年数据及其每年的绝对变化值，以及式（2-5），使用 C++ 语言编写程序并使用 Visual C++6.0 软件进行计算，结果如表 2-5 所示。

表 2-5　各个因素对居民总消费变化的绝对贡献和相对贡献

单位：亿元，%

年份	$A_z\Delta z$	$A_Y\Delta Y$	$A_G\Delta G$	ΔC	相对误差	$A_z\Delta z/\Delta C$	$A_Y\Delta Y/\Delta C$	$A_G\Delta G/\Delta C$
1997	-676.5	1127.6	-10.7	440.5	-13.43	-153.57	255.99	-2.42
1998	-866.6	2297.2	-24.8	1405.8	-8.76	-61.65	163.41	-1.76
1999	-467.2	3073.8	-46.3	2560.3	-6.09	-18.25	120.06	-1.81
2000	1073.9	2037.3	-74.3	3037.0	1.66	35.36	67.08	-2.44
2001	-519.6	2864.5	-61.6	2283.3	-2.22	-22.75	125.45	-2.70
2002	440.3	4930.9	-170.5	5200.6	-10.10	8.47	94.81	-3.28
2003	-294.5	3458.6	-84.5	3079.6	-3.66	-9.56	112.31	-2.74
2004	-76.1	2315.6	-10.1	2229.4	-3.30	-3.41	103.86	-0.45
2005	879.1	4315.9	-31.9	5163.1	-2.23	17.03	83.59	-0.62
2006	-504.5	5313.6	-18.0	4791.0	-0.19	-10.53	110.91	-0.38
2007	-616.7	4805.4	-31.0	4157.7	4.12	-14.83	115.58	-0.75
2008	-693.7	2346.2	-62.0	1590.5	12.07	-43.62	147.51	-3.90
2009	528.5	7515.3	6.2	8049.9	-2.66	6.56	93.36	0.08
2010	-1057.4	5059.2	108.4	4110.3	9.63	-25.72	123.09	2.64
累计	-2851.1	51460.9	-510.9	48098.9	-1.64	-5.93	106.99	-1.06

注：ΔC 来自居民总消费计算值，误差为计算值与统计值（见表 2-3）的相对误差。

从表 2-5 可以看到，1996～2010 年居民总消费变化为 48098.9 亿元，与使用统计数据计算的居民总消费变化的相对误差仅为-1.64%，而对于历年的居民总消费变化，最高的相对误差为-13.43%（1997年），最小的相对误差仅为-0.19%（2006 年），可见模型具有非常强的准确性，计算结果是可靠的。

从基尼系数变化对居民总消费变化的影响来看，2002 年最大，当年基尼系数增大导致居民总消费下降 170.5 亿元，占当年居民总消费变

化值的-3.28%，而 2010 年基尼系数下降导致当年居民总消费提高
108.4 亿元，占当年居民总消费变化值的 2.64%。

从 1996~2010 年的累计结果可以看出，基尼系数增大导致居民总
消费下降 510.9 亿元，占该时期居民总消费变化值的-1.06%；居民收
入增加则使得居民总消费增加 51460.9 亿元，占该时期居民总消费变化
值的 106.99%；其他因素变化导致居民总消费下降 2851.1 亿元，占该
时期居民总消费变化值的-5.93%。

小　结

本章通过引入财富效用假设，基于一个最优消费决策推导出边际消
费倾向递减的条件：消费的边际效用弹性小于财富的边际效用弹性。并
利用 1996~2010 年的省级面板数据进行参数校准，证实现阶段我国居
民的边际消费倾向递减。

通过构建一个包含基尼系数的宏观消费函数，本章首次彻底地以基
尼系数为收入分配差距的衡量指标，在理论上严格证明了我国居民收入
分配差距对总消费的负面影响。此外，我们还指出，除了边际消费倾向
递减外，边际消费倾向的其他特征并无法保证缩小收入分配差距能提高
总消费，澄清了关于这一命题的一些争论。

经过程序的运算结果表明：1996~2010 年，收入分配差距导致的绝
对消费损失平均为 1383.56 亿元（1996 年不变价），损失率为 2.84%；
这一期间基尼系数增大导致居民总消费下降 510.9 亿元，占该时期居民
总消费变化值的-1.06%。可见，当前收入分配差距是造成我国居民消
费需求不足的一个重要原因，政府有必要采取一系列措施，致力于缩小
我国现阶段的收入分配差距，既促进社会的公平，又能增加总需求，实
现经济持续增长。

第三章　中国居民消费率下降原因：
对收入分配差距的考察

一　关于中国居民消费率下降原因的研究述评

关于我国居民消费率下降的原因，业已产生大量的研究成果，这些研究大多以西方经典的消费理论①为基础，从不同的消费理论中寻找影响我国居民消费率变化的因素，并分析这些因素变化对居民消费率的影响。

由于不同学者所依据的消费理论、所选择的研究角度或者所采用的研究方法不同，因此得出的结论也有所不同，相关观点大概可以归纳为以下三种（类）。

第一种观点认为居民收入比重下降导致居民消费率下降，代表性文献有乔为国（2007）、方福前（2009）、宋国青（2007）和潘春阳等（2010）等。此类研究主要以绝对收入假说或永久收入理论为基础，利

---

① 西方经济学中有关消费（函数）理论的研究已相当成熟，经历了绝对收入理论、相对收入理论、生命周期理论、广义生命周期理论、持久收入理论以及预防性储蓄理论和流动性约束理论的变迁，有关介绍西方消费理论的文献可参考朱信凯和骆晨（2011）。我国学者（臧旭恒，1994；龙志和和周浩明，2000；万广华等，2001）大多利用西方消费理论对本国居民消费行为进行解释，但仍然难以达成共识；也有学者（余永定和李军，2000）提出中国的居民消费理论，但他们仍然以生命周期理论为基础，如朱国林等（2002）基于中国居民的分段消费特征提出了一个理论模型，但无法进行实证。当前，研究我国居民消费还是以国外的消费理论为主。

用计量（多元回归）分析或因子分解方法，分析居民收入与居民消费的关系，并以居民收入比重的下降来解释居民消费率的下降。

第二种观点认为居民收入分配差距扩大（包括城乡收入差距扩大）导致居民消费率下降，代表性文献包括刘文斌（2000）、朱国林等（2002）、李军（2003）、马强（2004）、臧旭恒和张继海（2005）、钞小静等（2009）、张全红（2009）以及苑小丰和范辉（2010）等。此类研究主要以边际消费倾向递减假说为基础，通过理论和实证研究（回归分析）论证收入分配差距扩大会降低居民消费，并指出我国居民收入分配差距扩大的事实导致了居民消费率的下降。

第三种观点认为居民微观消费行为（倾向）的变化等导致居民消费率下降。这种观点实际上是一大类观点，具体而言，包括不确定性因素变化（万广华等，2001；罗楚亮，2004）、人口结构变化（李魁和钟水映，2010；邢志平，2011）、社会保障制度与文化因素（陶传平，2001；臧旭恒和裴春霞，2004）、消费习惯等因素（杭斌和郭香俊，2009）。

第一种观点是目前学界比较认同的观点，存在的主要争议是居民收入比重变化对居民消费率下降的影响程度；第二种观点是研究文献最多的观点，但收入分配差距扩大对居民消费率下降的影响到底有多大仍然没有明确的结论；第三种观点由于研究相对比较分散，部分也存在争议，因此总体解释力相对有限。总体而言，上述研究的结论既是互补的，也是互斥的[①]，虽然孤立地看，各自都有一定的解释力，但如果放到一个整体的视图来看，已有的研究结果并不能令人满意。原因在于缺乏一个统一的分析框架，因此无法将各个主要因素严密地统一在一起分析它们对居民消费率的综合影响及相对影响，尤其是已有研究无法将收入分配因素（基尼系数）纳入分析框架[②]，从而很难将收入分配差距与

[①] 即这些原因都可以导致居民消费率下降，从这个角度来看是互补；但不同研究所认为的主要原因不同，呈现相互排斥的特点。

[②] 目前除了回归分析的方法以外，尚没有发现有更好的将基尼系数纳入分析框架的方法或模型，而回归分析的确存在其局限性。

其他因素的影响程度相比较。因此，探索建立一个相对综合而统一的研究居民消费率下降原因的分析框架（尤其是纳入收入分配变量）有着重大的理论意义，本章将在这方面做一些尝试①。

二　居民消费率变动分解模型

假设收入分布为经典帕累托分布，则根据公式（1-1），国民总消费为：

$$C = F(Y, G, f) = \sum_{i=1}^{N} f\left(Y\left[\left(1 - \frac{i-1}{N}\right)^{\frac{1-G}{1+G}} - \left(1 - \frac{i}{N}\right)^{\frac{1-G}{1+G}} \right] \right) \qquad (3-1)$$

其中，Y 为居民总收入，G 为基尼系数，f 为微观消费函数。

利用式（3-1）进一步建立居民消费率变化的差分模型，由于我国特有的城乡二元结构特征及统计数据的城乡分离，因此建立基于城乡分离的二元模型。

记 $p_c = C/GDP$ 为居民消费率，$p_y = Y/GDP$ 为居民收入比重；C_1、C_2 为城镇居民总消费和农村居民总消费，$f_1(y)$、$f_2(y)$ 为城镇居民和农村居民的微观消费函数；Y_1、Y_2 为城镇居民总收入和农村居民总收入，q 为城乡人均收入比，s 为城镇化率（城镇人口比重）；G_1、G_2 为城镇居民收入基尼系数和农村居民收入基尼系数；N_1、N_2 为城镇居民人口和农村居民人口。

因为 $Y_1 + Y_2 = Y$，$\dfrac{Y_1}{N_1} \Big/ \dfrac{Y_2}{N_2} = \dfrac{Y_1}{sN} \Big/ \dfrac{Y_2}{(1-s)N} = q$，$\dfrac{Y}{GDP} = p_y$，故：

$$Y_1 = p_y \times GDP \times \frac{qs}{1-s+qs}$$

$$Y_2 = p_y \times GDP \times \frac{1-s}{1-s+qs}$$

---

① 我们并不试图纳入所有可能影响居民消费率的因素，而是考虑已有研究中探讨的有重要影响的因素或者存在较大争论的因素，此外也包括一些未被发现的重要因素。

结合式（3-1），容易推导居民消费率：

$$p_c = \frac{C}{GDP} = \frac{C_1 + C_2}{GDP}$$

$$= \frac{1}{GDP}\left\{ \begin{array}{l} \displaystyle\sum_{i=1}^{N_1} f_1\left(Y_1\left[\left(1-\frac{i-1}{N_1}\right)^{\frac{1-G_1}{1+G_1}} - \left(1-\frac{i}{N_1}\right)^{\frac{1-G_1}{1+G_1}}\right]\right) \\ + \displaystyle\sum_{i=1}^{N_2} f_2\left(Y_2\left[\left(1-\frac{i-1}{N_2}\right)^{\frac{1-G_2}{1+G_2}} - \left(1-\frac{i}{N_2}\right)^{\frac{1-G_2}{1+G_2}}\right]\right) \end{array} \right\}$$

$$= \frac{1}{GDP}\left\{ \begin{array}{l} \displaystyle\sum_{i=1}^{N_1} f_1\left(p_y \times GDP \times \frac{qs}{1-s+qs}\left[\left(1-\frac{i-1}{N_1}\right)^{\frac{1-G_1}{1+G_1}} - \left(1-\frac{i}{N_1}\right)^{\frac{1-G_1}{1+G_1}}\right]\right) \\ + \displaystyle\sum_{i=1}^{N_2} f_2\left(p_y \times GDP \times \frac{1-s}{1-s+qs}\left[\left(1-\frac{i-1}{N_2}\right)^{\frac{1-G_2}{1+G_2}} - \left(1-\frac{i}{N_2}\right)^{\frac{1-G_2}{1+G_2}}\right]\right) \end{array} \right\}$$

$$(3-2)$$

利用公式（3-2）可以推导出以下五个命题。

命题 3-1 如果 $f_1'(y)>0$，$f_2'(y)>0$，即如果城乡居民微观消费函数为增函数，则 $\partial p_c/\partial p_y>0$，即居民消费率是居民收入比重的增函数，居民收入比重下降会降低居民消费率。

证明：根据式（3-2），有：

$$\partial p_c / \partial p_y = \frac{qs}{1-s+qs}\sum_{i=1}^{N_1}\left[\begin{array}{l} f_1'_{y_1}\left(p_y\times GDP\times\frac{qs}{1-s+qs}\left[\left(1-\frac{i-1}{N_1}\right)^{\frac{1-G_1}{1+G_1}} - \left(1-\frac{i}{N_1}\right)^{\frac{1-G_1}{1+G_1}}\right]\right) \\ \times\left[\left(1-\frac{i-1}{N_1}\right)^{\frac{1-G_1}{1+G_1}} - \left(1-\frac{i}{N_1}\right)^{\frac{1-G_1}{1+G_1}}\right] \end{array}\right]$$

$$+ \frac{1-s}{1-s+qs}\sum_{i=1}^{N_2}\left[\begin{array}{l} f_2'_{y_2}\left(p_y\times GDP\times\frac{1-s}{1-s+qs}\left[\left(1-\frac{i-1}{N_2}\right)^{\frac{1-G_2}{1+G_2}} - \left(1-\frac{i}{N_2}\right)^{\frac{1-G_2}{1+G_2}}\right]\right) \\ \times\left[\left(1-\frac{i-1}{N_2}\right)^{\frac{1-G_2}{1+G_2}} - \left(1-\frac{i}{N_2}\right)^{\frac{1-G_2}{1+G_2}}\right] \end{array}\right] > 0$$

证毕。

命题 3-2　如果 $f_1''(y) < 0$，$f_2''(y) < 0$，则 $\partial p_c / \partial GDP < 0$，即如果城乡居民的边际消费倾向都递减，则居民消费率是 GDP 的减函数，GDP 增加会导致居民消费率下降。

证明：根据式（3-1），城镇居民的宏观消费函数为：

$$C_1 = \sum_{i=1}^{N_1} f_1\left(Y_1 \left[\left(1 - \frac{i-1}{N_1}\right)^{\frac{1-G_1}{1+G_1}} - \left(1 - \frac{i}{N_1}\right)^{\frac{1-G_1}{1+G_1}} \right] \right) = F_1(Y_1)$$

则有：

$$F_1''(Y_1) = \sum_{i=1}^{N_1} f_1''(\cdot) \left[\left(1 - \frac{i-1}{N_1}\right)^{\frac{1-G_1}{1+G_1}} - \left(1 - \frac{i}{N_1}\right)^{\frac{1-G_1}{1+G_1}} \right]^2 < 0$$

因此对于任意 $Y_0 \in (0, Y_1)$ 都有：$F_1'(Y_0) > F_1'(Y_1)$。

而根据拉格朗日平均值定理，存在一个 $Y_0 \in (0, Y_1)$，使得：

$$\frac{F_1(Y_1) - F_1(0)}{Y_1 - 0} = F_1'(Y_0)$$

故：

$$F_1'(Y_1) < F_1'(Y_0) = \frac{F_1(Y_1) - F_1(0)}{Y_1 - 0} < \frac{F_1(Y_1)}{Y_1}$$

从而：

$$\frac{\mathrm{d}p_{c1}}{\mathrm{d}Y_1} = \frac{\mathrm{d}(C_1/Y_1)}{\mathrm{d}Y_1} = \frac{\mathrm{d}[F(Y_1)/Y_1]}{\mathrm{d}Y_1} = \frac{Y_1 F_1'(Y_1) - F_1(Y_1)}{Y_1^2} < 0$$

$$\frac{\mathrm{d}p_{c1}}{\mathrm{d}GDP} = \frac{\mathrm{d}(C_1/GDP)}{\mathrm{d}GDP} = \frac{GDP \times (\mathrm{d}C_1/\mathrm{d}GDP) - C_1}{GDP^2}$$

$$= \frac{(Y_1/p_y) \times (\mathrm{d}C_1/\mathrm{d}Y_1)(\mathrm{d}Y_1/\mathrm{d}GDP) - F_1(Y_1)}{GDP^2}$$

$$= \frac{Y_1 F_1'(Y_1) - F_1(Y_1)}{GDP^2} < 0$$

同理，可得：

$$\frac{\mathrm{d}p_{c2}}{\mathrm{d}GDP} = \frac{\mathrm{d}(C_2/GDP)}{\mathrm{d}GDP} < 0$$

从而：

$$\frac{\partial p_c}{\partial GDP} = \frac{\partial p_{c1}}{\partial GDP} + \frac{\partial p_{c2}}{\partial GDP} < 0$$

证毕。

命题 3-3 如果 $f_1''(y)<0$，则有 $\partial p_c/\partial G_1<0$；如果 $f_2''(y)<0$，则有 $\partial p_c/\partial G_2<0$。即如果城乡居民边际消费倾向递减，那么居民消费率是城乡居民内部基尼系数的减函数，也即城乡居民内部收入分配差距扩大会降低居民消费率。

证明：

$$\frac{\partial p_c}{\partial G_1} = \frac{-2p_y}{(1+G)^2} \frac{qs}{1-s+qs} \sum_{i=1}^{N_1} \left\{ f_1'(y_i) \left[\begin{array}{c} \left(1-\dfrac{i-1}{N_1}\right)^{\frac{1-G_1}{1+G_1}} \ln\left(1-\dfrac{i-1}{N_1}\right) \\ -\left(1-\dfrac{i}{N_1}\right)^{\frac{1-G_1}{1+G_1}} \ln\left(1-\dfrac{i}{N_1}\right) \end{array} \right] \right\}$$

参考命题 1-1 的证明，可以得到：

$$\frac{\partial p_c}{\partial G_1} < 0$$

同理，可以证明：

$$\frac{\partial p_c}{\partial G_2} < 0$$

证毕。

命题 3-4 如果 $f_1''(y)<0$，$f_2''(y)<0$，即城乡居民边际消费倾向递减，

且 $N_1 f_1'\left[p_y \times GDP \times \dfrac{qs}{1-s+qs}\left(\dfrac{1}{N_1}\right)^{\frac{1-G_1}{1+G_1}}\right] > N_2 f_2'\left(p_y \times GDP \times \dfrac{1-s}{1-s+qs}\left[1-\left(1-\dfrac{1}{N_2}\right)^{\frac{1-G_2}{1+G_2}}\right]\right)$，即

城镇居民最高收入者的边际消费倾向与城镇人口的积大于农村居民最低收入者的边际消费倾向与农村人口的积，则有 $\partial p_c/\partial s>0$，即居民消费率

是城镇化率的增函数，城镇化率提高会提升居民消费率。

证明：

$$\partial p_c / \partial s = p_y \frac{q}{(1-s+qs)^2} \times$$

$$\left\{ \sum_{i=1}^{N_1} \left[f_1' \left(p_y \times GDP \times \frac{qs}{1-s+qs} \left[\left(1-\frac{i-1}{N_1}\right)^{\frac{1-G_1}{1+G_1}} - \left(1-\frac{i}{N_1}\right)^{\frac{1-G_1}{1+G_1}} \right] \right) \left(\left(1-\frac{i-1}{N_1}\right)^{\frac{1-G_1}{1+G_1}} - \left(1-\frac{i}{N_1}\right)^{\frac{1-G_1}{1+G_1}} \right) \right] \right.$$

$$\left. - \sum_{i=1}^{N_2} \left[f_2' \left(p_y \times GDP \times \frac{1-s}{1-s+qs} \left[\left(1-\frac{i-1}{N_2}\right)^{\frac{1-G_2}{1+G_2}} - \left(1-\frac{i}{N_2}\right)^{\frac{1-G_2}{1+G_2}} \right] \right) \left(\left(1-\frac{i-1}{N_2}\right)^{\frac{1-G_2}{1+G_2}} - \left(1-\frac{i}{N_2}\right)^{\frac{1-G_2}{1+G_2}} \right) \right] \right\}$$

$$> p_y \frac{q}{(1-s+qs)^2} \left\{ \sum_{i=1}^{N_1} \left[\begin{array}{l} f_1' \left[p_y \times GDP \times \frac{qs}{1-s+qs} \left(\frac{1}{N_1}\right)^{\frac{1-G_1}{1+G_1}} \right] \\ \times \left[\left(1-\frac{i-1}{N_1}\right)^{\frac{1-G_1}{1+G_1}} - \left(1-\frac{i}{N_1}\right)^{\frac{1-G_1}{1+G_1}} \right] \end{array} \right] \right.$$

$$\left. - \sum_{i=1}^{N_2} \left[\begin{array}{l} f_2' \left(p_y \times GDP \times \frac{1-s}{1-s+qs} \left[1-\left(1-\frac{1}{N_2}\right)^{\frac{1-G_2}{1+G_2}} \right] \right) \\ \times \left[\left(1-\frac{i-1}{N_2}\right)^{\frac{1-G_2}{1+G_2}} - \left(1-\frac{i}{N_2}\right)^{\frac{1-G_2}{1+G_2}} \right] \end{array} \right] \right\}$$

$$> p_y \frac{q}{(1-s+qs)^2} \left\{ \begin{array}{l} N_1 f_1' \left[p_y \times GDP \times \frac{qs}{1-s+qs} \left(\frac{1}{N_1}\right)^{\frac{1-G_1}{1+G_1}} \right] \\ - N_2 f_2' \left(p_y GDP \frac{1-s}{1-s+qs} \left[1-\left(1-\frac{1}{N_2}\right)^{\frac{1-G_2}{1+G_2}} \right] \right) \end{array} \right\} > 0$$

证毕。

命题 3-5 如果 $f_1''(y)<0$，$f_2''(y)<0$，且 $N_1 f_1' \left[p_y \times GDP \times \frac{qs}{1-s+qs} \left(\frac{1}{N_1}\right)^{\frac{1-G_1}{1+G_1}} \right] >$

$N_2 f_2' \left(p_y \times GDP \times \frac{1-s}{1-s+qs} \left[1-\left(1-\frac{1}{N_2}\right)^{\frac{1-G_2}{1+G_2}} \right] \right)$，则有 $\partial p_c / \partial q > 0$，即居民消费率

是城乡人均收入比的减函数，城乡居民收入差距扩大会降低居民消费率。

证明：同命题 3-4，有：

$$\partial p_c / \partial q = \frac{s(1-s)}{(1-s+qs)^2} \times$$

$$\left\{ \begin{array}{l} \sum_{i=1}^{N_1} \left[\begin{array}{l} f_1'\left(p_y \times GDP \times \frac{qs}{1-s+qs}\left[\left(1-\frac{i-1}{N_1}\right)^{\frac{1-G_1}{1+G_1}} - \left(1-\frac{i}{N_1}\right)^{\frac{1-G_1}{1+G_1}} \right] \right) \times \\ \left[\left(1-\frac{i-1}{N_1}\right)^{\frac{1-G_1}{1+G_1}} - \left(1-\frac{i}{N_1}\right)^{\frac{1-G_1}{1+G_1}} \right] \end{array} \right] \\ - \sum_{i=1}^{N_2} \left[\begin{array}{l} f_2'\left(p_y \times GDP \times \frac{1-s}{1-s+qs}\left[\left(1-\frac{i-1}{N_2}\right)^{\frac{1-G_2}{1+G_2}} - \left(1-\frac{i}{N_2}\right)^{\frac{1-G_2}{1+G_2}} \right] \right) \\ \times \left[\left(1-\frac{i-1}{N_2}\right)^{\frac{1-G_2}{1+G_2}} - \left(1-\frac{i}{N_2}\right)^{\frac{1-G_2}{1+G_2}} \right] \end{array} \right] \end{array} \right\} > 0$$

证毕。

命题 3-3 要求消费函数递增且边际消费倾向递减，这一般而言都会成立；而命题 3-4 和命题 3-5 除要求城乡居民边际消费倾向递减外，还要求城镇最高收入居民的边际消费倾向与城镇人口的积大于农村最低收入居民的边际消费倾向与农村人口的积，该条件相对较强（充分），现实中不一定满足，但即使条件放宽，也可能会有 $\partial p_c/\partial s>0$、$\partial p_c/\partial q>0$ 的结论，具体要根据各个参数的取值而定。

下面我们推导各变量变化对居民消费率变化影响的差分公式。

由于微观消费函数 $f(y)$ 除了包含收入变量外，还包含其他变量（参数），这些变量或参数在不同的时期会发生变化（也即还要考虑除收入外其他影响因素的变化），因此进一步设城镇居民和农村居民的微观消费函数为 $f_1(y, a_0, a_1, \cdots, a_m)$ 和 $f_2(y, b_0, b_1, \cdots, b_n)$。由于人口变量相对其他变量而言变化率较小，而且人口只影响收入的分组数（级数的项数），其变化的误差较小，因此将总人口作为参数（外生变量）。为了表述简便，先记：

$$H_1 = \left(1 - \frac{i-1}{N_1}\right)^{\frac{1-G_1}{1+G_1}} - \left(1 - \frac{i}{N_1}\right)^{\frac{1-G_1}{1+G_1}}, H_2 = \left(1 - \frac{i-1}{N_2}\right)^{\frac{1-G_2}{1+G_2}} - \left(1 - \frac{i}{N_2}\right)^{\frac{1-G_2}{1+G_2}}$$

对式（3-2）两边求差分，得：

$$\Delta p_c = \frac{1}{GDP}\left\{ \sum_{i=1}^{N_1} \left[f_1'_{a_0}(\cdot)\Delta a_0 + f_1'_{a_1}(\cdot)\Delta a_1 + \cdots + f_1'_{a_m}(\cdot)\Delta a_m \right] \right\}$$

$$+ \frac{1}{GDP}\left\{ \sum_{i=1}^{N_2} \left[f_2'_{b_0}(\cdot)\Delta b_0 + f_2'_{b_1}(\cdot)\Delta b_1 + \cdots + f_2'_{b_1}(\cdot)\Delta b_n \right] \right\}$$

$$+ \frac{1}{GDP}\left\{ \begin{array}{l} p_y\dfrac{qs}{1-s+qs}\sum_{i=1}^{N_1}\left[f_1'_y(\cdot)H_1\right] + p_y\dfrac{1-s}{1-s+qs}\sum_{i=1}^{N_2}\left[f_2'_y(\cdot)H_2\right] - \\[2mm] \dfrac{1}{GDP}\left[\sum_{i=1}^{N_1}f_1(\cdot) + \sum_{i=1}^{N_2}f_2(\cdot)\right] \end{array} \right\}\Delta GDP$$

$$+ \left\{ \frac{qs}{1-s+qs}\sum_{i=1}^{N_1}\left[f_1'_y(\cdot)H_1\right] + \frac{1-s}{1-s+qs}\sum_{i=1}^{N_2}\left[f_2'_y(\cdot)H_2\right] \right\}\Delta p_y$$

$$+ p_y\frac{q}{(1-s+qs)^2}\left\{ \sum_{i=1}^{N_1}\left[f_1'_y(\cdot)H_1\right] - \sum_{i=1}^{N_2}\left[f_2'_y(\cdot)H_2\right] \right\}\Delta s$$

$$+ \frac{s(1-s)}{(1-s+qs)^2}\left\{ \sum_{i=1}^{N_1}\left[f_1'_{y_1}(\cdot)H_1\right] - \sum_{i=1}^{N_2}\left[f_2'_{y_2}(\cdot)H_2\right] \right\}\Delta q$$

$$- \frac{2p_y}{(1+G_1)^2}\frac{qs}{(1-s+qs)}\left\{ \sum_{i=1}^{N_1}f_1'_y(\cdot)\left[\begin{array}{l} \left(1-\dfrac{i-1}{N_1}\right)^{\frac{1-G_1}{1+G_1}}\ln\left(1-\dfrac{i-1}{N_1}\right) - \\[2mm] \left(1-\dfrac{i}{N_1}\right)^{\frac{1-G_1}{1+G_1}}\ln\left(1-\dfrac{i}{N_1}\right) \end{array} \right] \right\}\Delta G_1$$

$$- \frac{2p_y}{(1+G_2)^2}\frac{1-s}{(1-s+qs)}\left\{ \sum_{i=1}^{N_2}f_2'_y(\cdot)\left[\begin{array}{l} \left(1-\dfrac{i-1}{N_2}\right)^{\frac{1-G_2}{1+G_2}}\ln\left(1-\dfrac{i-1}{N_2}\right) - \\[2mm] \left(1-\dfrac{i}{N_2}\right)^{\frac{1-G_2}{1+G_2}}\ln\left(1-\dfrac{i}{N_2}\right) \end{array} \right] \right\}\Delta G_2$$

$$(3-3)$$

等式（3-3）右边第一项和第二项分别表示城镇居民和农村居民微观消费（倾向）函数变化对居民消费率变化的贡献（绝对值），第三项表示 GDP 变化的贡献，第四项表示居民收入比重变化 Δp_y 的贡献，第五项表示城镇化率变化 Δs 的贡献，第六项表示城乡人均收入比变化 Δq 的贡献，第七项表示城镇居民收入分配差距（基尼系数）变化 ΔG_1 的贡献，第八项表示农村居民收入分配差距变化 ΔG_2 的贡献。

若将具有具体形式的微观消费函数代入式（3-3），即可得到具体的居民消费率差分公式。设城镇居民和农村居民的微观消费函数为幂函数[①]，即 $f_1(y) = a_1 y^{b_1}$，$f_2(y) = a_2 y^{b_2}$，则式（3-3）化为：

$$
\begin{aligned}
\Delta p_c = {} & \frac{1}{GDP} Y_1^{b_1} \left\{ \sum_{i=1}^{N_1} \left[H_1^{b_1} \Delta a_1 + a_1 H_1^{b_1} \ln(Y_1 H_1) \Delta b_1 \right] \right\} \\
& + \frac{1}{GDP} Y_2^{b_2} \left\{ \sum_{i=1}^{N_2} \left[H_2^{b_2} \Delta a_2 + a_2 H_2^{b_2} \ln(Y_2 H_2) \Delta b_2 \right] \right\} \\
& + \frac{1}{GDP^2} \left[a_1(b_1 - 1) Y_1^{b_1} \sum_{i=1}^{N_1} H_1^{b_1} + a_2(b_2 - 1) Y_2^{b_2} \sum_{i=1}^{N_2} H_2^{b_2} \right] \Delta GDP \\
& + \frac{1}{GDP} \frac{1}{p_y} \left[a_1 b_1 Y_1^{b_1} \sum_{i=1}^{N_1} H_1^{b_1} + a_2 b_2 Y_2^{b_2} \sum_{i=1}^{N_2} H_2^{b_2} \right] \Delta p_y \\
& + \frac{1}{GDP} \frac{1}{(1 - s + qs)} \left[a_1 b_1 \left(\frac{1}{s} \right) Y_1^{b_1} \sum_{i=1}^{N_1} H_1^{b_1} - a_2 b_2 \left(\frac{q}{1-s} \right) Y_2^{b_2} \sum_{i=1}^{N_2} H_2^{b_2} \right] \Delta s \\
& + \frac{1}{GDP} \frac{1}{(1 - s + qs)} \left[a_1 b_1 \frac{1-s}{q} Y_1^{b_1} \sum_{i=1}^{N_1} H_1^{b_1} - a_2 b_2 s Y_2^{b_2} \sum_{i=1}^{N_2} H_2^{b_2} \right] \Delta q \\
& - a_1 b_1 \frac{2}{(1 + G_1)^2} \frac{1}{GDP} Y_1^{b_1} \sum_{i=1}^{N_1} \left\{ H_1^{b_1 - 1} \left[\begin{array}{l} \left(1 - \frac{i-1}{N_1} \right)^{\frac{1-G_1}{1+G_1}} \ln\left(1 - \frac{i-1}{N_1} \right) - \\[2mm] \left(1 - \frac{i}{N_1} \right)^{\frac{1-G_1}{1+G_1}} \ln\left(1 - \frac{i}{N_1} \right) \end{array} \right] \right\} \Delta G_1 \\
& - a_2 b_2 \frac{2}{(1 + G_2)^2} \frac{1}{GDP} Y_2^{b_2} \sum_{i=1}^{N_2} \left\{ H_2^{b_2 - 1} \left[\begin{array}{l} \left(1 - \frac{i-1}{N_2} \right)^{\frac{1-G_2}{1+G_2}} \ln\left(1 - \frac{i-1}{N_2} \right) - \\[2mm] \left(1 - \frac{i}{N_2} \right)^{\frac{1-G_2}{1+G_2}} \ln\left(1 - \frac{i}{N_2} \right) \end{array} \right] \right\} \Delta G_2
\end{aligned}
$$

$$\text{(3-4)}$$

[①] 实证分析中我们使用了对数线性模型对消费函数进行估计，其对应的消费函数即幂函数。

为了简化表述，式（3-4）右边八项依次记为：$A_1\Delta f_1$、$A_2\Delta f_2$、$A_3\Delta GDP$、$A_4\Delta p_y$、$A_5\Delta s$、$A_6\Delta q$、$A_7\Delta G_1$、$A_8\Delta G_2$。各项与居民消费率变化 Δp_c 的比值即各项的相对贡献（占比）。

三　中国居民消费率变动分解：下降原因分析

我们采用全国时间序列数据和省级面板数据，运用 Eviews 6.0 和 Visual C++6.0 软件，对我国 1996~2010 年居民消费率变化的原因进行分析。根据差分模型，需先估计出城镇居民和农村居民的微观消费函数，由于无法获得各个年份居民消费和收入的微观数据，本章使用省级面板数据（不包括港澳台和西藏）估计消费函数，设定单变量对数线性面板回归模型[①]：

$$LNCONS_{it} = a_0 + a_1 LNINC_{it} + \beta_t + \varepsilon_{it}$$

其中 i（= 1，2，…，30）表示省份，t（= 1996，1997，…，2010）表示年份。$LNCONS_{it}$ 表示人均消费对数值，$LNINC_{it}$ 表示人均收入对数值，β_t 为截距的时期固定效应，ε_{it} 为随机误差项。人均消费分别使用城镇居民人均消费性支出指标和农村居民人均生活消费支出指标，人均收入分别使用城镇居民人均可支配收入指标和农村居民人均纯收入指标。所有数据都使用定基价格指数（以 1996 年为基期）进行调整，数据来源于《中国统计年鉴》和各省区市统计年鉴。F 检验结果支持选择变截距模型，而 Hasuman 检验结果支持选择固定效应模型，使用

---

① 微观消费函数的估计模型较多，常见的有线性模型和对数线性模型；解释变量除了收入外，一般还包括储蓄、价格、利率、年龄结构以及其他制度变量。线性模型的缺点在于无法保证边际消费倾向大于 0 且无法对边际消费倾向的单调性进行判别，但允许非零的"自主性消费"存在（即收入为 0 时，消费不为 0）；而对数线性模型则可以保证边际消费倾向大于 0 及对其单调性进行判别，但不允许"自主性消费"存在，已有文献中这两种模型都有所使用，综合考虑本章使用对数线性模型。解释变量则仅使用单变量（收入），其他影响消费的因素变化综合体现在参数的变化之中。由于影响微观消费函数（参数）的因素较多，已有的文献进行了较为全面的研究，本章不再重复一一考察。

广义最小二乘法（EGLS）对固定效应模型的异方差与序列相关性进行处理，得到如表 3-1 和表 3-2 所示的结果。

表 3-1　城镇居民消费函数估计

变量	系数	参数	1996 年	1997 年	1998 年	1999 年	2000 年
常数项	0.199659^{*} （2.36878）	β_t	0.0332	0.0406	0.0247	0.0181	0.0318
$LNINC$	0.948041^{***} （58.3061）	$a_0+\beta_t$	0.2329	0.2402	0.2244	0.2178	0.2315
调整 R^2	0.976712	参数	2001 年	2002 年	2003 年	2004 年	2005 年
F 统计量	1256.417	β_t	0.0093	0.0209	0.0062	0.0007	-0.0023
P 值	0.0000	$a_0+\beta_t$	0.2089	0.2205	0.2058	0.2003	0.1974
观测值	450	参数	2006 年	2007 年	2008 年	2009 年	2010 年
Hausman	56.8144^{***}	β_t	-0.0197	-0.0319	-0.0454	-0.0395	-0.0467
模型类型	固定效应	$a_0+\beta_t$	0.1800	0.1678	0.1543	0.1602	0.1530

注：括号中为系数的 t 检验值，*** 表示 1% 的显著性水平，* 表示 10% 的显著性水平。

表 3-2　农村居民消费函数的估计

变量	系数	参数	1996 年	1997 年	1998 年	1999 年	2000 年
常数项	0.973881^{***} （7.96727）	β_t	0.0298	-0.0691	-0.0811	-0.1162	-0.0505
$LNINC$	0.839957^{***} （54.5872）	$a_0+\beta_t$	1.0037	0.9047	0.8928	0.8576	0.9234
调整 R^2	0.924637	参数	2001 年	2002 年	2003 年	2004 年	2005 年
F 统计量	368.2552	β_t	-0.0519	-0.0455	-0.0346	-0.0201	0.0530
P 值	0.0000	$a_0+\beta_t$	0.9220	0.9284	0.9393	0.9537	1.0269
观测值	450	参数	2006 年	2007 年	2008 年	2009 年	2010 年
Hausman	4.1029^{**}	β_t	0.0695	0.0706	0.0731	0.0987	0.0743
模型	固定效应	$a_0+\beta_t$	1.0434	1.0445	1.0470	1.0725	1.0482

注：括号中为系数的 t 检验值，*** 表示 1% 的显著性水平，** 表示 5% 的显著性水平。

可以看出，回归系数都通过 1% 或 5% 显著性水平的 t 检验，F 检验结果的显著性水平为 1%，调整 R^2 都较高，估计结果较为理想。回归的系数 $a_1<1$，表明城乡居民的边际消费倾向递减。

根据模型的设定 $a_0+\beta_t$ 为第 t 年的常数项。根据对数线性模型，则消费函数为 $c=a_1 y^{b_1}$ 和 $c=a_2 y^{b_2}$，则参数 $b_1=0.948041$、$b_2=0.839957$，

而 a_1、a_2 可由公式 $e^{a_0+\beta_t}$ 计算得到（见表 3-3）。

表 3-3　1996~2010 年 GDP 及其他指标

年份	GDP	p_y	p_c	G_1	G_2	s	q	a_1	a_2	N
1996	74163.60	0.4644	0.3775	0.2671	0.3229	0.3048	2.5123	1.2622	2.7284	122389
1997	79434.34	0.4521	0.3589	0.2807	0.3285	0.3191	2.4689	1.2715	2.4713	123626
1998	84853.54	0.4595	0.3541	0.2896	0.3369	0.3335	2.5093	1.2516	2.4419	124761
1999	90626.63	0.4774	0.3616	0.2989	0.3361	0.3478	2.6485	1.2433	2.3576	125786
2000	97817.67	0.4719	0.3656	0.3125	0.3536	0.3622	2.7869	1.2605	2.5177	126743
2001	107248.97	0.4673	0.3552	0.3259	0.3603	0.3766	2.8987	1.2324	2.5143	127627
2002	119465.53	0.4778	0.3673	0.3861	0.3646	0.3909	3.1115	1.2467	2.5305	128453
2003	133882.65	0.4627	0.3517	0.3973	0.368	0.4053	3.2310	1.2285	2.5582	129227
2004	151646.94	0.4303	0.3257	0.4057	0.3692	0.4176	3.2086	1.2218	2.5954	129988
2005	173358.75	0.4121	0.3153	0.4116	0.3751	0.4299	3.2238	1.2182	2.7924	130756
2006	202841.00	0.3893	0.2932	0.4078	0.3737	0.4434	3.2784	1.1972	2.8389	131448
2007	231516.90	0.3708	0.2741	0.4035	0.3730	0.4589	3.3296	1.1827	2.8419	132129
2008	258970.79	0.3447	0.2505	0.4121	0.3800	0.4699	3.3149	1.1668	2.8490	132802
2009	285743.18	0.3512	0.2560	0.4059	0.3900	0.4834	3.3328	1.1737	2.9228	133450
2010	316127.22	0.3410	0.2433	0.3990	0.3847	0.4995	3.2285	1.1653	2.8525	134091

注：GDP 单位为亿元，总人口单位为万人。

　　根据差分模型，除了微观消费函数，还需其他指标的数据。居民收入比重使用城镇居民可支配收入与农村居民纯收入的和与 GDP 的比，居民消费率使用城镇居民消费性支出与农村居民生活消费支出的和与 GDP 的比[①]；城乡人均收入比使用城镇居民人均可支配收入与农村居民人均纯收入的比，城镇居民基尼系数与农村居民基尼系数引自表 2-3；

[①]　使用此统计口径是为了与前面消费函数估计所采用的指标一致，虽然基于这种计算方法得出的居民收入比重和居民消费率与《中国统计年鉴》中资金流量表（实物交易）的住户可支配收入比重及居民消费比重或国民经济核算的居民消费率不一致（相差近 10 个百分点），但从变化趋势来看，1996~2010 年居民收入比重和居民消费率下降的幅度，两种统计口径中基本上是一致的，如本章计算的 1996~2010 年居民消费率下降 13.4 个百分点，而国民经济核算中的居民消费率则下降 12 个百分点。实际上，两种方法在已有研究文献中都有使用。

GDP、城镇化率及城乡人口直接使用统计数据。数据来源于《中国统计年鉴》，名义数据都使用定基价格指数（1996 年为基期）进行调整。

利用表 3-3 可以计算各指标历年变化值，根据式（3-3），使用 C++语言编写程序并用 Visual C++6.0 软件进行计算，得到表 3-4。

表 3-4　各因素变化对居民消费率变化的贡献

年份	$A_1\Delta f_1$	$A_2\Delta f_2$	$A_3\Delta GDP$	$A_4\Delta p_y$	$A_5\Delta s$	$A_6\Delta q$	$A_7\Delta G_1$	$A_8\Delta G_2$	合计
1997	0.00145	-0.01635	-0.00270	-0.00877	0.00081	-0.00021	-0.00020	-0.00024	-0.0262
1998	-0.00308	-0.00177	-0.00231	0.00511	0.00129	0.00032	-0.00014	-0.00032	-0.0009
1999	-0.00134	-0.00486	-0.00225	0.01210	0.00125	0.00108	-0.00016	0.00003	0.0058
2000	0.00303	0.00891	-0.00257	-0.00366	0.00137	0.00113	-0.00026	-0.00061	0.0073
2001	-0.00510	-0.00017	-0.00313	-0.00315	0.00111	0.00072	-0.00029	-0.00025	-0.0103
2002	0.00267	0.00076	-0.00351	0.00707	0.00095	0.00114	-0.00140	-0.00015	0.0075
2003	-0.00357	0.00121	-0.00367	-0.01021	0.00093	0.00059	-0.00037	-0.00011	-0.0152
2004	-0.00131	0.00146	-0.00379	-0.02175	0.00115	-0.00019	-0.00029	-0.00005	-0.0248
2005	-0.00066	0.00695	-0.00376	-0.01202	0.00124	0.00013	-0.00023	-0.00024	-0.0086
2006	-0.00373	0.00149	-0.00435	-0.01561	0.00111	0.00037	0.00016	0.00006	-0.0205
2007	-0.00247	0.00009	-0.00333	-0.01241	0.00110	0.00029	0.00017	0.00003	-0.0165
2008	-0.00263	0.00018	-0.00258	-0.01775	0.00079	-0.00008	-0.00032	-0.00024	-0.0226
2009	0.00107	0.00168	0.00205	0.00436	0.00137	0.00016	0.00024	-0.00046	0.0064
2010	-0.00135	-0.00154	-0.00212	-0.00673	0.00178	-0.00099	0.00027	0.00024	-0.0104
累计	-0.01703	-0.00195	-0.04212	-0.08343	0.01625	0.00448	-0.00283	-0.00232	-0.1290

从表 3-4 可以看出，1996～2010 年由于各个因素变化，居民消费率下降 0.1290，这与实际统计的居民消费率下降值（0.1343）的相对误差为 3.95%，说明本章模型具有较高的精确度。从图 3-1 可以直观地看到每个因素变化对居民消费率变化的绝对影响。

从图 3-1 可以看到，导致居民消费率下降的原因依次为：居民收入比重（p_y）下降、GDP 增长、城镇居民消费倾向（f_1）降低、城镇居民基尼系数（G_1）增大、农村居民基尼系数（G_2）增大、农村居民消费倾向（f_2）下降。导致居民消费率上升的原因依次为：城镇化率（s）

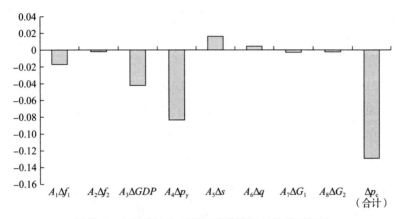

图 3-1　各因素变化对居民消费率变化的绝对影响

提高、城乡人均收入比（q）扩大。

（1）居民收入比重变化对居民消费率下降的影响最大，对居民消费率下降的绝对贡献为-0.08343，相对贡献为 64.69%，与命题 3-1 相符，也印证了方福前（2009）的研究观点。但是，本章的结果也表明居民收入比重下降并没有导致居民消费率的同幅度下降[①]，实际上1996~2010 年居民收入比重下降了 0.1234，与居民消费率下降的幅度（0.1343）比较接近，但居民收入比重下降导致的居民消费率下降的幅度仅为 0.08343，因此其他因素变化也是导致居民消费下降的重要原因。

（2）GDP 增加也是导致居民消费率下降的重要原因，它对居民消费率变化的绝对贡献为-0.04212，相对贡献为 32.66%，这与命题 3-2相符。根据前文的估计结果可知城乡居民的边际消费倾向都递减（农村居民边际消费倾向的递减性更强），这意味着 GDP 增长会导致居民消费率下降，其下降幅度取决于边际消费倾向的递减程度。目前，已有的研究文献尚没有从这个角度对居民消费率下降进行考察，本章的这个发现应该有一定的启发意义，即在市场经济发展的初始阶段，资本的积累、

[①]　方福前（2009）认为居民收入比重下降是居民消费率下降的主要原因，并基本上否定了其他因素变化的影响，其依据就是居民收入比重下降幅度与居民消费率下降幅度接近。根据本章研究结果可知，这种推论是不严密的。

边际消费倾向的递减以及居民消费率的下降在一定程度上是客观规律。

（3）城乡居民的消费倾向下降也是居民消费率下降的原因，城镇居民消费倾向下降对居民消费率变化的绝对贡献为-0.01703，相对贡献为13.21%；农村居民消费倾向下降对居民消费率变化的绝对贡献为-0.00195，相对贡献为1.51%。居民消费倾向下降的原因可能是不确定性增强（如房价及物价上升、社会保障不足、抚养比上升等）。关于居民消费倾向下降导致居民消费率下降的观点已有的文献有所论及，但从本章研究结果来看，它并非重要的影响因素。

（4）城乡居民内部收入分配差距扩大（基尼系数增大）对居民消费率下降也有一定影响，它们对居民消费率下降的绝对贡献分别为-0.00283和-0.00232，相对贡献分别为2.20%和1.80%，这与命题3-3相符。根据上文估计结果，城乡居民的边际消费倾向都递减，从而基尼系数增大会降低居民消费率，其影响程度取决于边际消费倾向的递减程度。实际上，从1996年到2010年，城镇居民基尼系数从0.2671增大到0.3990，增幅达0.1319；农村居民基尼系数从0.3229增大到0.3847，增幅为0.0618。事实上，已有不少文献认为收入分配差距扩大导致居民总消费（消费率）下降，本章的研究结论表明收入分配差距扩大（基尼系数增大）确实会降低居民的消费率，但其影响的程度并不大，原因在于居民的边际消费倾向递减程度并不高（尤其是城镇居民）。农村居民的边际消费倾向递减程度虽然相对高一些，但农村居民基尼系数的增加幅度相对小于城镇居民基尼系数的增加幅度（仅约为其50%），因此城乡居民内部基尼系数变化对总体的居民消费率下降的贡献就比较接近。

（5）城镇化率的提高对居民消费率变化的绝对贡献是0.01625，相对贡献是-12.60%，也即城镇化程度上升提高了居民消费率，这与命题3-4相符。由于城镇居民的边际消费倾向要高于农村居民，因此城镇化程度上升就提高了居民的总消费①，从而提高了居民消费率。虽然

---

① 虽然城镇化也会提高居民收入，从而间接提高居民消费，但这个影响机制体现在居民收入比重的影响中；这里的城镇化率变化的影响直接是由于城乡的消费函数差异。

已有的研究文献也有论及城镇化对提高居民消费的影响，但一般只是定性分析或简单的回归分析，本章的量化分析有一定的参考价值。

（6）城乡人均收入比扩大对居民消费率下降的绝对贡献是0.00448，相对贡献为-3.47%，即城乡人均收入比扩大提高了居民消费率（但影响程度并不太大），这与命题3-5不符。原因在于城镇居民的消费倾向高于农村居民的消费倾向，因此当城镇居民收入增加相对较快时（从而城乡人均收入比扩大），居民总体消费率会上升。这个研究结论与当前大多数研究的结论相反，原因可能是已有文献的研究存在两个局限：一是将城乡人均收入比作为居民收入分配差距的代理变量，二是回归模型的变量遗漏或共线性问题没有得到很好的处理。实际上，城乡人均收入比扩大并不一定会导致居民总体收入分配差距扩大[①]，而变量遗漏或共线性问题也是回归分析中的一个常见难题，要处理得完美有较大的难度。相对而言，本章的研究方法要可靠一些。

小　结

本章利用包含基尼系数的宏观消费函数建立了一个基于城乡二元结构的居民消费率差分模型，该模型可以将居民收入比重、城乡居民内部基尼系数、城镇化率及城乡人均收入比等多个因素统一到共同的框架对居民消费率的变化原因进行分析。利用模型对1996~2010年我国居民消费率下降的影响因素进行了分析，结果表明：居民收入比重下降是主要的原因，GDP增长是次要原因（由于边际消费倾向递减），城乡居民消费倾向下降及城乡居民内部基尼系数增大也是导致居民消费率下降的原因，但它们的相对影响并不大；而城镇化率提高会提高居民消费率，城乡人均收入比扩大也提高了居民消费率（由于城镇居民消费倾向高）。

---

① 城乡人均收入比是否导致总体收入分配差距扩大还依赖于城乡居民收入分布以及城乡人口比重。

本章研究结论的政策含义是明显的，为了促进居民消费增长和生活水平提高、扩大宏观经济总需求、实现国民经济结构均衡、保持经济的可持续发展，有必要采取一系列政策措施，提高居民消费率。

（1）提高居民收入水平，具体措施包括减税减费、进一步打破行业垄断和行业管制、加快国有企业产权改革、鼓励民营经济发展、加快农村土地产权制度改革、推进资本市场健康发展。

（2）提高居民边际消费倾向，具体措施包括发展新兴产业、鼓励产品创新、拓展消费市场、优化消费需求结构，尤其是要发展农村消费市场，补贴农民消费。

（3）在保障农民土地利益和进城农民的公共服务均等化的基础上，加快户籍制度改革，加快推进城镇化进程。

（4）提高城乡居民的社会保障水平，大力发展消费信贷，降低居民消费的不确定性程度。

（5）积极实施二次分配政策，缩小居民收入分配差距，比如开征遗产税、资本暴利税，并加大对落后地区和贫困群体的财政转移支付力度。

第四章 收入分配对居民文化消费的影响

——收入分配的宏观消费结构效应之一

一 引言：在公平分配与文化发展中取得平衡

文化发展是人类社会发展的重要内容，也是我国社会主义精神文明建设的重要组成部分。为了进一步推进我国文化发展，党的十七届六中全会通过了《中共中央关于深化文化体制改革 推动社会主义文化大发展大繁荣若干重大问题的决定》，宣告我国文化改革发展迈过一个新的里程碑。文化的发展不但依赖于文化产品的供给，即文化产业和文化事业的发展，也依赖于居民的文化消费需求。只有文化消费需求得到释放，文化消费市场才能得以发展，从而文化产业和文化事业才能得到发展。另外，文化消费也是居民消费的重要组成部分，是衡量居民生活水平的一个重要方面。由此可见，文化消费对于我国文化的发展，对于提高居民的生活水平都有着至关重要的作用。

改革开放以来，随着经济的发展和居民收入的提高，我国居民的文化消费支出不断增加。居民文化消费的快速增长，为我国的文化发展奠定了坚实的基础。那么，对于文化消费的相对高速增长，背后的驱动力是什么呢？这是一个值得思考的问题。通常而言，收入的提高是居民文化消费增加的主要原因，但是由于文化产品是一种高收入弹性的产品，收入越高，文化消费比重可能会越大，从而全社会收入分配差距的扩大可能导致社会的文化消费比重扩大。也就是存在一种可能：随着居民收入分配差距的扩大，我国居民文化消费比重加大，从而造成文化消费以高于收入和消费增长的速度增长。因此，如果收入分配差距扩大导致了文化消费的增加，那么这种文化消费需求扩张在某种程度上就以牺牲公平为代价，即以社会的分配不公为代价，其结果就是社会整体福利的下降。如何在公平分配和文化发展中取得平衡，就是值得深入研究的问题。

本章的目的是对收入分配的文化消费效应进行研究。关于收入分配对居民消费影响的文献相对较多，国外如 Blinder（1975）和 Musgrove（1980），国内如李军（2003）、吴易风和钱敏泽（2004）、吴晓明和吴栋（2007）、段先盛（2009）以及王宋涛和吴超林（2012）等，但是关于收入分配对文化消费的影响，文献甚少。目前，国内仅有的研究文化消费的文献，主要集中在文化消费的内涵和功能（欧翠珍，2010）、收入对文化消费的影响（冯义涛和邹晓东，2000；姚刚和赵石磊，2008）、文化消费与文化产业发展（全如琼和王永贵，2010；房宏婷，2011）等方面。因此，研究收入分配对居民文化消费的影响有一定的创新意义。

二 收入分配影响文化消费的模型分析

（一）马斯洛层次需求理论与边际效用弹性

根据马斯洛（Maslow，1943）的层次需求理论，文化消费是精神层面的需求，相对于基本的物质（生理）需求是更高层次的需求。一般而言，居民的支出会先用于衣食住行等基本消费，当有更多收入时才会进一步考虑基于精神需求的文化消费，这意味着个体在零点的文化消费的边际效用小于非文化消费的边际效用。

记 c_1（≥ 0）为个体文化消费，c_e（≥ 0）为非文化消费，$c=c_1+c_e$ 为个体总消费。设个体的（CRRA 型）消费效用函数为：

$$W(c_1,c_e)=\frac{c_1^{1-\delta}}{1-\delta}+b\frac{c_e^{1-\beta}}{1-\beta},b>0,\delta>0,\beta>0$$

$-\delta$、$-\beta$ 分别为文化消费和非文化消费的边际效用弹性，$U(c_1)=\frac{c_1^{1-\delta}}{1-\delta}$、$V(c_e)=\frac{c_e^{1-\beta}}{1-\beta}$ 分别为文化消费和非文化消费的效用函数。则文化消费的边际效用为 $\partial U/\partial c_1$，非文化消费的边际效用为 $\partial V/\partial c_e$。

根据马斯洛层次需求理论，$\partial U/\partial c_1(0)<\partial V/\partial c_e(0)$，即 $\lim\limits_{c_1\to 0}c_1^{-\delta}<\lim\limits_{c_e\to 0}c_e^{-\beta}$，从而 $-\delta>-\beta$，即文化消费的边际效用弹性大于非文化消费的边际效用弹性。

由此我们提出本章的一个重要假设。

假设 4-1　个体的文化消费的边际效用弹性大于非文化消费的边际效用弹性，即 $-\delta>-\beta$。

现实中假设 4-1 是否成立，可以利用数据对 δ/β 进行检验。下面根据假设 4-1 证明边际文化消费倾向递增。

（二）边际文化消费倾向递增命题

记 $c_1=f(c)$ 为文化消费函数，定义 $f'(c)$ 为"边际文化消费倾向"，即个体增加最后 1 个单位消费所增加的文化消费。

若 $f''(c)>0$，则称"边际文化消费倾向递增"。利用假设 4-1，容易证明以下命题。

命题 4-1　边际文化消费倾向递增，即 $f''(c)>0$。

证明：效用函数 $W(c_1,c_e)=W(c_1,c)=\frac{c_1^{1-\delta}}{1-\delta}+b\frac{(c-c_1)^{1-\beta}}{1-\beta}$。当个体

的总消费既定，他在基于效用最大化进行消费决策时，必有：

$$\partial W / \partial c_1 = c_1^{-\delta} - b(c - c_1)^{-\beta} = 0$$

从而：

$$c = c_1 + b^{1/\beta} c_1^{\delta/\beta} \tag{4-1}$$

则：

$$\frac{\partial c_1}{\partial c} = \frac{1}{\partial c / \partial c_1} = \frac{1}{1 + (\delta/\beta) b^{1/\beta} c_1^{\delta/\beta - 1}} > 0, \text{即} f'(c) > 0$$

根据假设 4-1，$-\delta > -\beta$，即 $\delta/\beta < 1$，从而：

$$f''(c) = \frac{\partial^2 c_1}{\partial c^2} = \frac{\partial(\partial c_1 / \partial c)}{\partial c_1} \frac{\partial c_1}{\partial c} = -\frac{(\delta/\beta)(\delta/\beta - 1) b^{1/\beta} c_1^{\delta/\beta - 2}}{[1 + (\delta/\beta) b^{1/\beta} c_1^{\delta/\beta - 1}]^3} > 0$$

即边际文化消费倾向递增。

证毕。

设 y（≥ 0）为个体收入，$c = g(y)$ 为个体的消费函数，且该消费函数为增函数，即 $g'(y) > 0$，以及 $E_1 = c_1/c = f(c)/g(y)$ 为个体的文化消费比重，则容易有：

命题 4-2 个体的收入越高，其文化消费（占总消费）比重越高，即 $dE_1 / dy > 0$。

证明：根据命题 4-1 有：

$$f'(c) > 0$$

则对于任意 $c_0 \in (0, c)$ 都有：

$$f'(c) > f'(c_0)$$

根据拉格朗日平均值定理，存在一个 $c_0 \in (0, c)$，使得：

$$\frac{f(c) - f(0)}{c - 0} = f'(c_0)$$

即：

$$\frac{f(c)}{c} = f'(c_0)$$

故：

$$f'(c) > \frac{f(c)}{c}$$

从而：

$$\frac{\mathrm{d}E_1}{\mathrm{d}c} = \frac{\mathrm{d}(c_1/c)}{\mathrm{d}c} = \frac{\mathrm{d}[f(c)/c]}{\mathrm{d}c} = \frac{cf'(c) - f(c)}{c^2} > 0$$

又有

$$\mathrm{d}c/\mathrm{d}y = g'(y) > 0$$

故：

$$\frac{\mathrm{d}E_1}{\mathrm{d}y} = \frac{\mathrm{d}(c_1/c)}{\mathrm{d}c}\frac{\mathrm{d}c}{\mathrm{d}y} > 0$$

证毕。

国内有的文献（张沁，2004）认为我国文化消费比重低于美国等发达国家，我国落后省份的文化消费比重低于发达省份，因此就必须大力促进我国居民的文化消费，特别是促进落后省份的文化消费。从命题 4-2 可以看出，该现象其实是正常现象，随着居民收入提高，文化消费比重自然就会提高。但是，由于收入与文化消费比重成正比，低收入者（地区）的文化消费比重更低，因此收入分配差距的扩大会导致文化消费（发展）的不均衡，要实现文化的均衡发展，必须进一步缩小地区间、居民间的收入分配差距。

根据命题 4-1，进一步有：

命题 4-3　当 $g''(y) > -\dfrac{f''(c)\,[g'(y)]^2}{f'(c)}$ 时，有 $h''(y) > 0$。

证明：$h'(y) = f'(c)g'(y) > 0$，即文化消费是收入的增函数，则：

$$h''(y) = f''(c)[g'(y)]^2 + f'(c)g''(y)$$

因此当 $g''(y) > -\dfrac{f''(c)[g'(y)]^2}{f'(c)}$ 时，$h''(y) > 0$，即收入的边际文化消费倾向递增。

证毕。

根据命题 4-1，易知 $-\dfrac{f''(c)[g'(y)]^2}{f'(c)} < 0$，因此当 $g''(y) \geqslant 0$ 时，即当边际消费倾向递增或者为常数时，必定有 $h''(y) > 0$；如果边际消费倾向递减，即 $g''(y) < 0$，但其递减速度相对较低时（可以理解为低于文化消费的边际递增速度），即 $|g''(y)| < \dfrac{f''(c)[g'(y)]^2}{f'(c)}$ 时，同样有 $h''(y) > 0$。因此，命题 4-3 意味着当边际消费倾向递增、不变或弱递减时，收入的边际文化消费倾向递增。

虽然凯恩斯提出了边际消费倾向递减假说，但并没有给予严格证明。后期学者更多认为它是一个实证性命题，Kuznets（1942）的检验表明边际消费倾向是一个常数，王宋涛和吴超林（2012）用我国 1996~2010 年的居民消费数据校验发现它近似线性，即线性和二次都显著。因此，总体上看，可以认为边际消费倾向应该是弱递减或不变，由此提出一个重要假设。

假设 4-2 我国居民收入的边际文化消费倾向递增，即 $h''(y) > 0$。

对于假设 4-2 最终是否成立，我们将在后文使用数据进行验证。

（三）收入分配对文化消费影响的理论分析

采用基尼系数和洛伦兹曲线来衡量收入分配差距，并利用假设 4-2

严格证明收入分配差距扩大会增加总文化消费。

设 $L=L(p)$ 为洛伦兹曲线，其中 p 为人口累计占比，L 为对应人口的收入占比。

设 N 为总人口，Y 为居民总收入，根据洛伦兹曲线的定义，收入从低到高排列第 i 位的居民收入为：

$$y_i = Y\left[L\left(\frac{i}{N}\right) - L\left(\frac{i-1}{N}\right)\right]$$

则总文化消费为：

$$C_L = \sum_{i=1}^{N} h(y_i) = \sum_{i=1}^{N} h\left(Y\left[L\left(\frac{i}{N}\right) - L\left(\frac{i-1}{N}\right)\right]\right)$$

其中 $h(y)$ 为微观文化消费函数，$h'(y)>0$ 且 $h''(y)>0$。

如果收入分布为经典帕累托分布，则总文化消费为：

$$C_L = \sum_{i=1}^{N} h\left(Y\left[\left(1-\frac{i-1}{N}\right)^{\frac{1-G}{1+G}} - \left(1-\frac{i}{N}\right)^{\frac{1-G}{1+G}}\right]\right)$$

如果收入分布为对数正态分布，则总文化消费为：

$$C_L = \sum_{i=1}^{N} h\left(Y\left\{ \emptyset\left[\emptyset^{-1}\left(\frac{i}{N}\right) - \sigma\right] - \emptyset\left[\emptyset^{-1}\left(\frac{i-1}{N}\right) - \sigma\right]\right\}\right)$$

类似第一章的证明，容易得到以下命题。

命题 4-4　$\dfrac{\partial C_L}{\partial G}>0$。

三　收入分配影响居民文化消费的实证分析

（一）边际文化消费倾向递增的检验

根据式（4-1）有 $\ln(c-c_1)=\dfrac{1}{\beta}\ln(b)+\dfrac{\delta}{\beta}\ln(c_1)$，因此可设定计

量模型：

$$\ln{(perConsE)}_{it} = a_0 + a_1 \ln{(perConsL)}_{it} + u_i + \varepsilon_{it}$$

其中 i 表示省份，t 表示年份；$\ln{(perConsL)}_{it}$ 为居民人均文化消费的对数值，$\ln{(perConsE)}_{it}$ 为居民人均非文化消费的对数值，用人均消费减去人均文化消费再取对数得到；u_i 为个体固定效应，ε_{it} 为随机扰动项。a_0 为 $\ln{(b)}/\beta$ 的估计值，a_1 为 δ/β 的估计值。

使用 1995~2010 年省级面板数据（不包括港澳台，剔除数据不全的重庆和西藏，共 29 个省区市），并分别对所有居民、城镇居民和农村居民进行估计。消费数据分别使用城镇居民人均消费性支出指标、农村居民人均生活消费支出指标，文化消费数据分别使用城镇居民人均教育文化娱乐服务和娱乐用品支出指标、农村居民人均文教娱乐用品及服务支出指标；居民总体数据使用城镇居民和农村居民数据按城乡人口比重加权得到。所有数据都根据定基价格指数（1995 年为基期）进行调整。数据来源于全国和各省份统计年鉴。计量软件使用 Eviews 6.0。经 Hausman 检验，采用固定效应（FE）模型进行回归，主要结果如表 4-1 所示。

表 4-1 边际文化消费倾向递增的检验结果

变量	所有居民	城镇居民	农村居民
常数项	3.5285 *** （42.3215）	4.0104 *** （39.8654）	4.1249 *** （36.4212）
$\ln{(perConsL)}$	0.7525 *** （53.7693）	0.6876 *** （44.2964）	0.6340 *** （29.3697）
调整 R^2	0.8619	0.8090	0.6504
F 统计量	2891.14	1962.17	862.580
P 值	0.0000	0.0000	0.0000
观测值	464	464	464

注：括号中为 t 检验值，*** 表示 1% 的显著性水平；余表同。

从结果来看，对于所有居民，系数在 1% 的水平上显著，F 统计量的显著性水平为 1%，调整 R^2 为 0.8619，拟合效果较好。参数 $a_1<1$，

这意味着 $\delta<\beta$，从而根据命题 4-1，我国居民边际文化消费倾向递增。

（二）居民收入的边际文化消费倾向递增的检验

上文的检验结果表明居民（消费的）边际文化消费倾向递增，根据命题 4-2，假设 4-2（收入的边际文化消费倾向递增）极可能成立，下面我们直接对假设 4-2 进行验证。设定以下回归模型：

$$\ln(PerLCons)_{it}=\beta_0+\beta_1\ln(PerInc)_{it}+u_i+\varepsilon_{it}$$

其中 $\ln(PerLCons)_{it}$ 为居民人均文化消费对数值，$\ln(PerInc)_{it}$ 为居民人均收入对数值。由于收入对消费及消费结构的影响具有坚实的理论基础，并且根据以往研究，收入对消费及其结构的解释度也非常高，因此本章不引入控制变量。从模型可以看出，只要参数 $\beta_1>1$，就说明收入的边际文化消费倾向递增。

同样使用 1995~2010 年的省级面板数据分别对所有居民、城镇居民和农村居民进行估计，数据来源及其处理、计量方法同上文，结果如表 4-2 所示。

表 4-2　收入的边际文化消费倾向递增的检验

变量	所有居民	城镇居民	农村居民
常数项	−2.9880*** （−21.223）	−2.8942*** （−17.238）	−2.1837*** （−10.6284）
$\ln(PerInc)$	1.0635*** （63.370）	1.0572*** （55.767）	1.0138*** （35.959）
调整 R^2	0.9494	0.9151	0.8941
F 统计量	300.6863	173.117	135.914
P 值	0.0000	0.0000	0.0000
观测值	464	464	464

可以看出，模型的估计结果较好；结果表明，对于所有居民、城镇居民和农村居民，都有 $\beta_1>1$，表明我国居民收入的边际文化消费倾向递增，即假设 4-2 成立，从而根据命题 4-4，收入分配差距扩大会增加我国居民的总文化消费。

（三） 收入分配对居民文化消费影响的回归分析

上文所得的收入分配差距扩大会增加居民总文化消费的结论是否稳健，收入分配差距扩大对居民总文化消费的影响程度又如何，需要进一步检验。由于数据限制[①]，我们利用 1994～2010 年全国居民序列数据对城镇居民和农村居民分别进行回归分析，回归方程为：

$$LCONS_t = c_0 + c_1 INC_t + c_2 GINI_t + \varepsilon_{it}$$

其中 $LCONS_t$ 为人均文化消费，分别使用城镇居民的人均教育文化娱乐服务和用品支出和农村居民的人均文教娱乐用品及服务支出，INC_t 为人均收入，分别使用城镇居民人均可支配收入和农村居民人均纯收入，$GINI_t$ 为城乡居民收入基尼系数。文化消费和收入数据来源于全国统计年鉴，并使用定基价格指数（1994 年为基期）进行调整；城镇居民基尼系数根据历年全国统计年鉴的城镇居民分组收入数据计算得到，农村居民基尼系数来自国家统计局数据和其他学者的研究[②]。

对三组序列数据分别进行单位根（ADF）检验，结果表明三组数据都为一阶单整序列，可以进行最小二乘回归分析，估计结果如表 4-3 所示。

表 4-3 收入分配与文化消费的回归结果

变量	城镇居民	农村居民
常数项	-641.47*** （-8.774）	-376.6585*** （-3.4446）
INC	0.0597*** （9.355）	0.027432** （2.4240）
$GINI$	2251.3*** （9.850）	1340.758*** （3.7059）
调整 R^2	0.9846	0.8881
F 统计量	613.72	64.538

---

① 自 1994 年起，《中国统计年鉴》才开始有居民人均文化消费的统计。

② 其中 1994～1995 年数据转引自陈建东（2010）；1996～2007 年数据转引自国家统计局（2001）；2008～2010 年数据转引自国家统计局（2012），经对照三个来源重叠年份的数据都一致。

续表

变量	城镇居民	农村居民
P 值	0.0000	0.0000
D. W.	1.1663	0.7813

可以看出，各个回归系数都通过 1%或 5%水平的显著性检验，F 统计量的显著性水平为 1%，调整 R^2 为 0.9846 和 0.8881，方程拟合度较高。残差检验显示不存在自相关和异方差。

从结果来看，基尼系数的回归系数为正，说明居民收入分配差距扩大会增加居民总文化消费，这与前文的结论一致[1]。实际上，基尼系数每增加 0.1，则城镇居民人均文化消费增加 225.1 元（1994 年可比价格），农村居民人均文化消费增加 134.1 元。1994~2010 年城镇居民基尼系数增加 0.1233，农村居民基尼系数增加 0.0389，因此理论上城镇居民和农村居民收入分配差距扩大分别导致人均文化消费增加 277.59元、52.16 元，分别占实际的文化消费增加额的 28.1%、34.7%。也即，1994~2010 年居民总文化消费的增长中，有近 1/3 是由于收入分配差距扩大而导致的。

小　结

本章基于马斯洛层次需求理论，提出了文化消费的边际效用弹性大于非文化消费的边际效用弹性的假设，利用该假设推导出（消费的）边际文化消费倾向递增的结论；并进一步证明当消费函数为线性或边际消费倾向弱递减、不变或递增时，收入的边际文化消费倾向递增。通过构建一个包含基尼系数的总文化消费函数，本章严格证明当居民收入的边际文化倾向递增时，收入分配差距扩大会增加居民的总文化消费。实

---

[1]　由结果还可以看到，城镇居民基尼系数对总文化消费的影响程度要比农村的高得多，原因正是边际文化消费倾向递增（城镇居民的边际文化消费倾向递增更快），而城镇居民收入要比农村居民收入高得多。

证分析结果表明，我国居民的文化消费边际效用弹性高于非文化消费边际效用弹性，从而我国居民（消费）的边际文化消费倾向递增。对文化消费函数的估计结果也表明，我国居民收入的边际文化消费倾向递增，从而收入分配差距扩大增加了居民的总文化消费，城镇居民和农村居民收入分配差距扩大对文化消费增加的贡献分别达到 28.1%和 34.7%。

可见，对于我国居民文化消费的增长，一个重要的原因就是居民收入分配差距的扩大。这表明文化的发展有一部分是以牺牲（分配）公平为代价的。收入分配差距的扩大必然导致社会总体福利的下降，容易引起社会的不和谐；同时，收入分配差距扩大也会导致文化发展的不均衡。这种以牺牲收入分配公平促进文化发展、以牺牲文化协调发展促进文化总体发展的模式并不可取。

因此，必须在保证社会公平分配、缩小收入分配差距的前提下，大力提高居民收入，促进文化消费，驱动文化发展，如此方能实现公平分配和文化发展的双重目标，实现社会公平和文化繁荣。

第五章 收入分配对居民恩格尔系数的影响

——收入分配的宏观消费结构效应之二

一 引言：收入分配如何影响居民恩格尔系数

自改革开放以来，中国经济持续增长，居民收入和消费增长虽与GDP 增长不完全同步，但它们也有明显提高。而反映居民生活水平的另一个重要指标——恩格尔系数总体上持续下降，这意味着居民生活水平不断上升。然而，现实与此形成反差，人们似乎没有感觉到生活水平如统计数据所描述的那样不断提高。

恩格尔系数是衡量居民生活水平的重要指标之一，相对于居民收入指标和消费指标而言更具综合性，目前已成为国家统计部门用于衡量和监测居民生活水平变化的一个重要统计指标。根据恩格尔定律，随着居民收入的提高，恩格尔系数会不断下降。中国居民恩格尔系数连年下降，其主要原因是居民收入的不断提高。然而，作为一个总体指标，恩格尔系数与其他指标一样，无法反映居民收入分配或生活水平的差距。这种总体水平不但会掩盖个体的差异，而且可能会因为个体的差异（收入分配差距）而得到提升。即收入分配可能会影响恩格尔系数，如果收入分配差距扩大，那么恩格尔系数可能会降低。虽然整体上看，居民生活水平提高了，但实际上相对贫困率更高，社会的整体福利并没有提升。事实上，随着经济的发展和居民收入的提高，中国居民的收入分配差距有所扩大。

不同收入水平的消费倾向和消费特征不同，因此收入分配对居民总体的消费水平和消费结构就会产生影响。迄今为止，研究收入分配对居民总消费影响的文献较多，如 Blinder（1975）、Musgrove（1980）、吴晓明和吴栋（2007）、段先盛（2009）以及王宋涛和吴超林（2012），但关于收入分配对恩格尔系数影响的研究很少见，Murphy 等（1989）从不同收入水平的需求结构差异角度对需求进行分析。那么收入分配对恩格尔系数是否有影响？其影响机理又是如何？

根据恩格尔定律，收入越高，恩格尔系数越低，收入越低，恩格尔系数越高，因此收入分配对社会总体恩格尔系数的影响是不确定的。大部分研究收入分配对居民总消费影响的文献倾向于认为缩小收入分配差距可以提高总消费，其内在逻辑在于边际消费倾向的递减性质。由于恩格尔系数（函数）相对于消费函数而言更为复杂，要厘清收入分配对恩格尔系数的影响机制相对困难，目前也没见到相关的研究文献。虽然理论上可以使用计量方法直接对收入分配（如基尼系数）与恩格尔系数的关系进行实证研究，但由于收入分配代理变量的选择问题、数据的来源和处理以及计量方法的使用问题，不同实证研究结果往往迥异；尤其是中国没有公开的权威的基尼系数数据，使得实证研究收入分配相关问题变得困难或者研究结果的权威性受到质疑。因此，如果能从理论上对恩格尔系数函数的性质进行研究，并给出判断收入分配影响恩格尔系数的具体条件，那么由于恩格尔系数函数在实证上更容易进行拟合，则很容易间接判断收入分配对恩格尔系数的影响。由于恩格尔系数可以分解为消费函数和食品消费函数，因此只需对消费函数和食品消费函数的特征进行研究，即可以判断在特定的条件下，收入分配对恩格尔系数的具体影响，在此基础上再对收入分配变量与恩格尔系数的关系进行实证就更有说服力。

二　收入分配影响居民恩格尔系数的模型分析

（一）马斯洛层次需求理论与边际效用弹性

根据马斯洛（Maslow，1943）的层次需求理论，食品消费是物质层面的需求，相对于更高层次的（精神）需求是较低层次的需求。一般而言，居民的支出会先用于衣食住行等基本消费，当有更多收入时才会进一步考虑基于精神需求的消费，这意味着个体在零点的食品消费的边际效用大于非食品消费的边际效用。

记 c_f（$\geqslant 0$）为个体食品消费，c_e（$\geqslant 0$）为非食品消费，$c = c_f + c_e$ 为个体总消费。

记 $c_f = f(c)$ 为食品消费函数，定义 $f'(c)$ 为"边际食品消费倾向"，即个体增加最后 1 个单位消费所增加的食品消费。若 $f''(c) < 0$，则称"边际食品消费倾向递减"。

设个体的常相对风险厌恶型（CRRA）食品消费效用函数和非食品消费效用函数分别为：

$$U(c_f) = \frac{c_f^{1-\delta}}{1-\delta}; V(c_e) = \frac{c_e^{1-\beta}}{1-\beta}, 0 < \delta, \beta < 1$$

则食品消费的边际效用为 $U'(c_f) = c_f^{-\delta}$，非食品消费的边际效用为 $V'(c_e) = c_e^{-\beta}$。

因为 $\dfrac{\mathrm{d}\left[U'(c_f)\right]/U'(c_f)}{\mathrm{d}c_f/c_f} = -\delta$、$\dfrac{\mathrm{d}\left[V'(c_e)\right]/V'(c_e)}{\mathrm{d}c_e/c_e} = -\beta$，易知 $-\delta$ 为食品消费的边际效用弹性，$-\beta$ 为非食品消费的边际效用弹性。

个体在食品消费和非食品消费之间进行配置，说明不同消费品的效用具有可加性，设消费效用是食品消费效用和非食品消费效用的有权加总，则个体消费效用函数为：

$$W(c_f, c_e) = U(c_f) + bV(c_e)$$

其中，$b>0$ 为非食品消费效用的权重。

根据马斯洛层次需求理论，$\partial U/\partial c_f\,(0) > \partial V/\partial c_e\,(0)$，即 $\lim\limits_{c_f \to 0} c_f^{-\delta} > \lim\limits_{c_e \to 0} c_e^{-\beta}$；则 $\lim\limits_{x \to 0}\left(\dfrac{x^{-\delta}}{x^{-\beta}}\right) = \lim\limits_{x \to 0}\,(x^{\beta-\delta}) > 1$，从而必有 $\beta < \delta$，即 $-\delta < -\beta$，即食品消费的边际效用弹性小于非食品消费的边际效用弹性。

由此，我们提出本章的一个重要假设。

假设 5-1 个体的食品消费的边际效用弹性小于非食品消费的边际效用弹性。

现实中假设 5-1 是否成立，可以通过检验参数条件 $\delta > \beta$ 进行判断。下面我们根据假设 5-1 证明边际食品消费倾向递减。

（二）边际食品消费倾向递减命题

命题 5-1 $f''(c) < 0$，即边际食品消费倾向递减。

证明：个体消费效用函数为 $W(c_f, c_e) = W(c_f, c) = \dfrac{c_f^{1-\delta}}{1-\delta} + b\,\dfrac{(c-c_f)^{1-\beta}}{1-\beta}$。

个体在基于效用最大化进行决策时，有：

$$\partial W/\partial c_f = c_f^{-\delta} - b(c-c_f)^{-\beta} = 0$$

故：

$$c = c_f + b^{1/\beta} c_f^{\delta/\beta} \tag{5-1}$$

从而：

$$f'(c) = \frac{\partial c_f}{\partial c} = \frac{1}{\partial c/\partial c_f} = \frac{1}{1+(\delta/\beta)\,b^{1/\beta} c_f^{\delta/\beta-1}} > 0 \tag{5-2}$$

$$f''(c) = \frac{\partial^2 c_f}{\partial c^2} = -\frac{(\delta/\beta)(\delta/\beta-1)\,b^{1/\beta} c_f^{\delta/\beta-2}}{[1+(\delta/\beta)\,b^{1/\beta} c_f^{\delta/\beta-1}]^3} \tag{5-3}$$

根据假设 5-1，有：

$$\delta > \beta$$

从而：

$$f''(c) < 0$$

证毕。

记 y（≥ 0）为个体的收入，$c = g(y)$ 为个体消费函数，一般而言，$g(y)$ 为严格增函数，即：$g'(y) > 0$。

设个体食品消费比重（个体恩格尔系数）$e = c_f / c = f(c) / g(y)$。

由命题 5-1 可进一步得到：

命题 5-2　个体的收入越高，其恩格尔系数越低，即 $de/dy < 0$。

证明：根据命题 5-1 有 $f''(c) < 0$，则对于任意 $c_0 \in (0, c)$ 都有：

$$f'(c_0) > f'(c)$$

根据拉格朗日平均值定理，存在一个 $c_0 \in (0, c)$，使得：

$$\frac{f(c) - f(0)}{c - 0} = f'(c_0)$$

即：

$$\frac{f(c)}{c} = f'(c_0)$$

故：

$$f'(c) < \frac{f(c)}{c}$$

从而：

$$\frac{de}{dc} = \frac{d(c_f/c)}{dc} = \frac{d[f(c)/c]}{dc} = \frac{cf'(c) - f(c)}{c^2} < 0$$

又因为：

$$dc/dy = g'(y) > 0$$

故：

$$\frac{de}{dy} = \frac{d(c_f/c)}{dc}\frac{dc}{dy} < 0$$

证毕。

命题 5-2 意味着恩格尔定律对于个体而言是成立的。

（三）收入分配对总体恩格尔系数的影响

利用边际食品消费倾向递减的结论，结合（收入的）边际消费倾向的特征，则可以判断收入分配对居民总体恩格尔系数的影响。对于边际消费倾向的理论特征，学术界一直没有达成共识。国内学者对于我国居民边际消费倾向的特征也存在争论（朱国林等，2002；杨汝岱和朱诗娥，2007；王宋涛和吴超林，2012）。总的来说，边际消费倾向的特征更是一个实证性的命题，但从理论来看，边际消费倾向单调的性质至少是可以达成共识的①，那么边际消费倾向必然只存在递减、递增或不变三种情形。我们先考察线性函数的情形，对此有以下命题。

命题 5-3 若边际食品消费倾向递减，即 $f''(c) < 0$，则当消费函数为线性时，收入分配差距扩大会降低总体恩格尔系数。

证明：先考虑二人情形。

记线性消费函数为 $c = g(y) = a + by$，$a \geqslant 0$，$b > 0$；y_1、y_2 为两个体的收入，且 $y_1/y_2 = q > 1$；$c_1 = a + by_1$、$c_2 = a + by_2$ 分别为两个体的消费，$c_{f1} = f(c_1)$、$c_{f2} = f(c_2)$ 分别为两个体的食品消费，则总体恩格尔系

---

① 如果边际消费倾向不单调，则至少存在一个极值点，从理论上讲，该极值点可以存在于任何收入水平，从而边际消费倾向只能是常数。

数为：

$$E = \frac{c_{f1} + c_{f2}}{c_1 + c_2} = \frac{f(a + by_1) + f(a + by_2)}{a + by_1 + a + by_2} = \frac{f\left(a + \frac{bq}{1+q}y\right) + f\left(a + \frac{b}{1+q}y\right)}{2a + by}$$

从而：

$$\frac{\partial E}{\partial q} = \frac{\frac{by}{(1+q)^2}\left[f'\left(a + \frac{bq}{1+q}y\right) - f'\left(a + \frac{b}{1+q}y\right)\right]}{2a + by}$$

因为 $q > 1$，且 $f''(c) < 0$，则：

$$f'\left(a + \frac{bq}{1+q}y\right) < f'\left(a + \frac{b}{1+q}y\right)$$

故 $\partial E/\partial q < 0$，即收入分配差距扩大会降低总体恩格尔系数。

由于全社会的个体为有限个（设为 N），则任何收入分配差距扩大（或缩小）都可以分解为有限种收入转移的情形 [最多为 $N(N-1)/2$ 种]，因此对于 N 个个体的情形，同样有收入分配差距扩大会降低总体恩格尔系数的结论。

证毕。

当消费函数为非线性时，需要根据 $\partial E/\partial q$ 的符号进行具体考察。考虑一般化的消费函数 $c = g(y)$，仍然沿用二人模型，此时总体恩格尔系数为：

$$E = \frac{c_{f1} + c_{f2}}{c_1 + c_2} = \frac{f[g(y_1)] + f[g(y_2)]}{g(y_1) + g(y_2)} = \frac{f\left[g\left(\frac{q}{1+q}y\right)\right] + f\left[g\left(\frac{y}{1+q}\right)\right]}{g\left[\frac{q}{1+q}y\right] + g\left[\frac{y}{1+q}\right]}$$

则：

$$\frac{\partial E}{\partial q} = \frac{y}{(1+q)^2} \frac{\begin{array}{l}\{f'[g(y_1)]g'(y_1) - f'[g(y_2)]g'(y_2)\}[g(y_1) + g(y_2)] \\ -\{f[g(y_1)] + f[g(y_2)]\}[g'(y_1) - g'(y_2)]\end{array}}{[g(y_1) + g(y_2)]^2}$$

$$= \frac{y}{(1+q)^2} \frac{\{f'[g(y_1)]g'(y_1) - f'[g(y_2)]g'(y_2)\} - E[g'(y_1) - g'(y_2)]}{g(y_1) + g(y_2)}$$

根据拉格朗日平均值定理，存在一个 $\theta \in (y_2, y_1)$，使得：

$$\frac{f'[g(y_1)]g'(y_1) - f'[g(y_2)]g'(y_2)}{y_1 - y_2}$$

$$= \{f[g(\theta)]\}'' = f''[g(\theta)][g'(\theta)]^2 + f'[g(\theta)]g''(\theta)$$

同样地，存在一个 $\gamma \in (y_1, y_2)$，使得：

$$g'(y_1) - g'(y_2) = g''(\gamma)(y_1 - y_2)$$

记：

$$F(\theta,\gamma) = f''[g(\theta)][g'(\theta)]^2 + f'[g(\theta)]g''(\theta) - Eg''(\gamma) \qquad (5-4)$$

则：

$$\frac{\partial E}{\partial q} = \frac{y(y_1 - y_2)}{(1+q)^2[g(y_1) + g(y_2)]^2} F(\theta,\gamma)$$

因此 $F(\theta, \gamma)$ 和 $\partial E/\partial q$ 符号相同，只要判断 $F(\theta, \gamma)$ 的符号即可。下面分情形讨论。

情形 5-1 边际消费倾向为常数。此时 $g''(y) = 0$，则 $g''(\gamma) = 0$，$g''(\theta) = 0$，由于 $f''(c) < 0$，则 $F(\theta, \gamma) = f''[g(\theta)][g'(\theta)]^2 < 0$，从而 $\partial E/\partial q < 0$，即收入分配差距扩大会降低总体恩格尔系数。

情形 5-2 边际消费倾向递减。此时有 $g''(y) < 0$，则 $g''(\gamma) < 0$，$g''(\theta) < 0$，又 $f''(c) < 0$，则 $f''[g(\theta)][g'(\theta)]^2 + f'[g(\theta)]g''(\theta) < 0$，因此 $F(\theta, \gamma)$ 的符号无法直观判断，需要结合消费函数和食品消费函数的具体形式根据式（5-4）进行判断。但对此情形，有以下命题。

命题 5-4 若边际食品消费倾向递减，即 $f''(c) < 0$，存在一个常数 $b_0 < 0$，当 $b_0 < g''(y) < 0$ 时，有 $\partial E/\partial q < 0$。即当边际消费倾向递减低于一定的程度时，收入分配差距扩大会降低总体恩格尔系数。

证明：记 $g_0 = \min\{g''(\gamma),\ g''(\theta)\} < 0$，由于 $E > 0$、$f'[g(\theta)] > 0$，则：

$$Eg''(\gamma) - f'[g(\theta)]g''(\theta) > \{E - f'[g(\theta)]\}g_0$$

若 $E - f'[g(\theta)] \leqslant 0$，此时 $\{E - f'[g(\theta)]\}g_0 \geqslant 0 > f''[g(\theta)][g'(\theta)]^2$，则：

$$Eg''(\gamma) - f'[g(\theta)]g''(\theta) > f''[g(\theta)][g'(\theta)]^2$$

则：

$$F(\theta,\gamma) < 0$$

从而 $\partial E/\partial q < 0$。也即，$b_0$ 取任何负数，命题都成立。

若 $E - f'[g(\theta)] > 0$，则当 $g_0 > f''[g(\theta)][g'(\theta)]^2/\{E - f'[g(\theta)]\}$ 时，有：

$$Eg''(\gamma) - f'[g(\theta)]g''(\theta) > \{E - f'[g(\theta)]\}g_0 > f''[g(\theta)][g'(\theta)]^2$$

则：

$$F(\theta,\gamma) < 0$$

从而 $\partial E/\partial q < 0$。此时，取 $b_0 = f''[g(\theta)][g'(\theta)]^2/\{E - f'[g(\theta)]\}$ 即可。

证毕。

情形 5-3 边际消费倾向递增。此时有 $g''(y) > 0$，同样要根据消费函数和食品消费函数的具体形式判断 $\partial E/\partial q$ 的符号。但对此情形一样有以下命题。

命题 5-5 若边际食品消费倾向递减，即 $f''(c) < 0$，存在一个常数 $b_1 > 0$，当 $0 < g''(y) < b_1$ 时，有 $\partial E/\partial q < 0$。即当边际消费倾向递增低于一定的程度时，收入分配差距扩大会降低总体恩格尔系数。

证明：记 $g_1 = \min\{g''(\gamma),\ g''(\theta)\} > 0$，由于 $E > 0$、$f'[g(\theta)] > 0$，则：

$$Eg''(\gamma) - f'[g(\theta)]g''(\theta) > \{E - f'[g(\theta)]\}g_1$$

若 $E - f'[g(\theta)] \geqslant 0$，此时 $\{E - f'[g(\theta)]\}g_1 \geqslant 0 > f''[g(\theta)]$ $[g'(\theta)]^2$，则：

$$Eg''(\gamma) - f'[g(\theta)]g''(\theta) > f''[g(\theta)][g'(\theta)]^2$$

则：

$$F(\theta,\gamma) < 0$$

从而 $\partial E / \partial q < 0$。也即，$b_1$ 取任何正数，命题都成立。

若 $E - f'[g(\theta)] < 0$，则当 $g_1 < f''[g(\theta)][g'(\theta)]^2 / \{E - f'[g(\theta)]\}$ 时，有：

$$Eg''(\gamma) - f'[g(\theta)]g''(\theta) > \{E - f'[g(\theta)]\}g_1 > f''[g(\theta)][g'(\theta)]^2$$

则：

$$F(\theta,\gamma) < 0$$

从而 $\partial E / \partial q < 0$。此时，取 $b_1 = f''[g(\theta)][g'(\theta)]^2 / \{E - f'[g(\theta)]\}$ 即可。

证毕。

三　收入分配影响居民恩格尔系数的实证分析

（一）居民边际食品消费倾向递减的检验

根据命题 5-1，只需检验 $\delta > \beta$，即 $\delta / \beta > 1$，即可得出边际食品消费倾向递减的结论。

根据式（5-1）有：$\ln(c - c_f) = (1/\beta)\ln(b) + (\delta/\beta)\ln(c_f)$，可设定回归模型：

$$\ln CE_{it} = b_0 + b_1 \ln CF_{it} + \varepsilon_{it}$$

其中 $\ln CF_{it}$ 为居民人均食品消费的对数值，$\ln CE_{it}$ 为居民人均非食品消费的对数值，用人均消费减去人均食品消费再取对数得到，ε_{it} 为随机误差项。b_0 为 $\ln (b) /\beta$ 的估计值，b_1 为 δ/β 的估计值。

使用 1981～2010 年的省级面板数据①进行检验。居民人均数据使用城镇居民和农村居民数据按照人口比重加权②得到，城镇居民收入使用人均可支配收入指标，农村居民收入使用人均纯收入指标，城镇居民消费使用人均消费性支出指标，农村居民消费使用人均生活消费支出指标。收入、消费和食品消费数据都使用居民消费定基价格指数（1981 年为基期）进行调整。原始数据来源为全国和各省区市统计年鉴，使用的计量软件为 Eviews 6.0。采用固定效应模型进行估计，Hausman 检验结果支持固定效应模型，估计结果为：

$$\ln CE = -2.9176 + 1.5228 \ln CF$$

$$(-26.9014)^{***} \quad (79.8261)^{***}$$

括号中为 t 检验值，*** 表示 1% 的显著性水平。F 统计量为 6372.21，在 1% 的水平上显著。调整 R^2 为 0.8884，整体回归效果较好。回归系数在 1% 的水平上显著，$b_1 = 1.5228 > 1$，意味着 $\delta/\beta > 1$，也即本章的假设 5-1 成立，从而命题 5-1 成立，即居民边际食品消费倾向递减。

（二）居民消费函数的估计

由于仅需考察收入对消费的影响，因此可设定单变量的面板回归模型：

线性模型：$CONS_{it} = a_0 + a_1 INC_{it} + \varepsilon_{it}$

非线性模型：$CONS_{it} = a_0 + a_1 INC_{it} + a_2 INC_{it}^2 + \varepsilon_{it}$

其中 $CONS_{it}$、INC_{it} 分别为居民人均消费和居民人均收入。居民人

---

① 使用中国内地的省级面板数据，海南、重庆后来才设省（直辖市），数据不全，故剔除；西藏和新疆统计数据不全，也剔除，最后一共为 27 个省区市的数据。由于剔除的省份人口较少，因此对总体结果影响较小。

② 2000 年及以前的城镇化率数据来源于周一星和田帅（2006）以"五普"数据为基础所做的修补，2000 年以后的城镇化率数据来自各省区市统计年鉴。

均数据使用城镇居民和农村居民人均数据按人口比重加权得到，使用指标同上。仍然使用 1981~2010 年的省级面板数据。采用固定效应模型进行估计，估计结果见表 5-1。

表 5-1　居民消费函数的估计结果

变量	线性模型	非线性模型
常数项	72.5891 *** （23.8663）	57.5154 *** （12.3798）
INC	0.6975 *** （277.398）	0.7267 *** （99.7156）
INC^2		-8.59×10^{-6} *** （-4.2587）
调整 R^2	0.9897	0.9899
F 统计量	76949.73	39309.13
P 值	0.0000	0.0000
观测值	810	810

注：括号中为 t 检验值，*** 表示 1% 的显著性水平。

从结果来看，所有回归系数都通过 1% 水平的显著性检验，F 统计量也非常显著（1% 的水平）；线性模型的调整 R^2 为 0.9897，非线性模型的调整 R^2 为 0.9899，拟合度都非常高，而非线性模型的二次项系数为 -8.59×10^{-6}。因此，可以认为居民消费函数为线性或近似线性（边际消费倾向为常数或弱递减），则根据命题 5-3 和命题 5-4，收入分配差距扩大会降低总体恩格尔系数。实际上如果将食品消费函数以及拟合的线性或非线性消费函数代入式（5-4），都有 $\partial E / \partial q < 0$。

（三）收入分配对居民恩格尔系数影响的计量检验

上文的研究已经可以得出居民收入分配差距扩大会降低居民恩格尔系数的结论，由于数据来源比较直接以及计量方法比较简单，因此结论比较可靠。那么，事实上两个变量的关系如何呢？收入分配差距对恩格尔系数的影响程度又如何呢？我们尝试使用居民收入基尼系数与恩格尔系数直接进行检验，面板回归模型为：

$$\ln ENG_{it} = a_0 + a_1 \ln INC_{it} + a_2 \ln GINI_{it} + \varepsilon_{it}$$

其中 $\ln ENG_{it}$ 为居民恩格尔系数对数值，$\ln INC_{it}$ 为居民收入对数值，$\ln GINI_{it}$ 为居民收入基尼系数对数值。由于基尼系数数据的限制，使用 1996~2009 年的省级面板数据对居民总体进行回归分析。恩格尔系数和居民收入数据处理方法及数据来源同上，各省份居民（总体）基尼系数由分组数据计算得到[①]，原始数据来源于各省份统计年鉴。回归估计结果为：

$$\ln ENG = 0.3699 - 0.2004\ln INC - 0.1869\ln GINI$$

$$(0.3699)^{***} \quad (-19.8758)^{***} \quad (-6.6785)^{***}$$

括号中为 t 检验值，*** 表示 1% 的显著性水平。F 统计量为 223.132，收尾概率 P 值为 0.000，调整 R^2 为 0.5231，面板观测值为 406。

可以看出所有系数都在 1% 的显著性水平上通过检验，F 检验结果的显著性水平为 1%，回归效果较好。调整 R^2 略低，这也是本书所指出的收入分配与其他变量实证模型所存在的局限。从回归系数来看，居民收入和基尼系数对数变量的系数符号为负，表示收入和收入分配变化对恩格尔系数的影响系数都为负。收入分配差距越大，恩格尔系数越低，基尼系数每增加 1%，恩格尔系数降低 0.1869%，利用 1996~2010 年的数据测算，收入变动对恩格尔系数变动的贡献为 77.8%，基尼系数变动对恩格尔系数变动的贡献为 22.2%。

小　结

本章基于马斯洛层次需求理论提出"食品消费的边际效用弹性低于非食品消费的边际效用弹性"的假设，利用该假设证明"边际食品消费倾向递减"，并进一步证明当消费函数为线性或近似线性（边际消费倾向弱递减或弱递增）时，收入分配差距扩大会降低居民总体恩格尔系数。基于中国居民数据的实证研究表明边际食品消费倾向递减，并且居

---

① 笔者感谢魏下海提供的 1996~2009 年全国各省份居民收入基尼系数，文责自负。

民消费函数是（近似）线性的，从而收入分配差距扩大会导致居民恩格尔系数降低。此外，居民收入基尼系数和居民恩格尔系数之间关系的直接计量检验也表明了两者的显著负相关关系，基尼系数变化对恩格尔系数变化的影响系数为 -0.1869，而 1996~2010 年居民恩格尔系数的变化中，基尼系数变化的贡献为 22.2%。

　　研究表明，收入分配差距扩大不但会导致相对贫困率的上升、降低社会整体福利水平、加剧社会矛盾、引起社会不和谐，而且会降低恩格尔系数，导致出现"居民总体生活水平大幅提高"的假象。因此，在使用总体指标评价居民生活水平的同时，必须重视基于收入分配指标的评价，如此才能避免"居民生活水平总体达到小康"和相对贫困同时存在的现象；在实践中，既要重视提高居民总体的生活水平，也必须将缩小居民收入分配差距作为重要目标，实现公平与效率的平衡，如此才能实现居民整体福利的最大化。

第六章 收入分配的国民健康效应

作为劳动者人力资本的构成要素之一，健康的重要性不仅表现在其本身所固有的内在价值上，也体现在促进经济增长（Cuesta，2015；任国强等，2017）、提高劳动生产率（王曲和刘民权，2005）、增加个人收入（曹荣荣和郝磊，2018）等一系列工具性价值上。由于健康对社会各领域具有积极的促进作用，健康成为社会各界关注的焦点，众多学者对健康的影响因素进行了研究，收入分配便是其中的一个重要分支。

收入分配不但会影响宏观总需求，进而影响经济增长本身，还会影响居民的健康以及社会的发展。因此，研究我国收入分配对国民健康的影响具有重大的现实意义，对于完善"健康中国"战略的政策导向具有重要的警示作用。

一 关于收入分配国民健康效应的研究述评

关于收入分配与健康之间关系的研究，国外学者开展得更早。在早期研究中，对收入分配与健康关系的研究多采用跨国数据进行。大多数采用跨国数据进行的实证研究表明，在宏观数据层面收入分配差距对健康存在显著的负效应。例如，Rodgers（1979）选取56个贫富不等的国家作为样本，研究收入分配差距与健康的关系。其中，收入分配差距以基尼系数为测度变量，以出生时的预期寿命、5岁时的预期寿命和婴儿死亡率这三个指标衡量健康状况。结果显示，收入分配差距对总体人口健康水平产生了显著的负面影响。

　　随着研究的深入，不少学者开始对跨国数据的可比性产生了质疑。他们认为一国居民的健康状况受该国饮食习惯、医疗服务、生活方式等影响，因而在研究收入分配与健康之间的关系时，应该将研究范围缩小。因此，学者们开始使用一国跨地区数据进行实证研究。王少瑾（2007a）利用中国2000年省级截面数据，建立回归模型，分析了收入分配差距与人口健康状况之间的关系，结果表明收入分配差距（以各地区城乡居民收入之比测度）的扩大会对我国各地区人口健康（以各地区平均预期寿命衡量）产生负面影响。当然，也有研究在控制了地区的教育水平、种族因素以及其他与收入分配差距相关的解释变量以后，发现收入分配差距与健康之间的联系并不显著（Wolfson et al.，2000；Deaton and Lubotsky，2003）。

　　近年来，随着个人调查数据可得性的增强，学界开始从利用跨国或跨地区数据转向利用个体数据来研究收入分配与健康之间的关系。任国强等（2016）利用CGSS 2010截面数据研究了个人收入及收入剥夺对个人自评健康和心理健康的影响，发现在Ordered Logistic模型和半参数模型下，个体收入剥夺对城乡居民的自评健康和心理健康均有显著的不利影响。同样地，由于各个研究的估计方法、时间跨度、区域范围等研究特征不同，得出的研究结论略有不同。例如，马双等（2011）利用滞后期的收入分配差距就健康水平进行实证回归，发现收入分配差距对健康的影响呈"倒U形"，当收入分配差距较大时，收入分配差距对健康的影响为负。

　　如今，收入分配会影响人类健康这一结论已被广泛接受，关于收入分配与健康之间关系的研究成果颇丰。宏观层面的研究多采用平均预期寿命和死亡率来度量健康水平，采用基尼系数来衡量收入分配差距，发现二者主要呈负向关系。然而，由于收入对健康的边际贡献递减，因此当收入分配差距扩大时，总体数据就会表现出健康水平下降，这便产生了对宏观数据"总体性偏误"（aggregate bias）的质疑，即收入分配差距对健康的影响难以区分是由绝对收入的边际递减效应还是收入分配差距本身所致（封进和余央央，2007；孙蚌珠和周景彤，2009；黄云等，2019）。而在采用微观个体数据进行收入分配与健康的关系研究时，存在两个局限性：一是个体的健康缺乏客观指标衡量，通常使用"自评健康"等主观指标，个人自我评价差异会导致估计偏差（齐良书，2006；王少瑾，2007b；齐亚强，2014；吴琼和张沛康，2020）；二是多数学者仍采用基尼系数来分析收入分配对个体健康的影响，但由于基尼系数是群体指标，这便造成衡量收入分配差距的基尼系数仍然是社区（宏观）层面的，即使控制了个体的收入，事实上对于同一社区而言，基尼系数仍然是相同的，从而隐藏了收入分配差距对社区内个体的不同影响，迫使收入不同的个体拥有相同的不平等感，这也会导致估计偏差。

因此，和现有文献相比，本章的价值在于：第一，通过构建一个包含基尼系数的平均健康（预期寿命）函数，将收入分配差距对平均健康水平的影响分解为收入分配差距对平均预期寿命的直接影响和收入分配差距的宏观效应对平均预期寿命的影响，这便可以解决使用宏观数据产生的"总体性偏误"问题；第二，利用1990年、2000年和2010年的人口普查数据和相应年份各省份的统计资料，通过省级层面的基尼系数去解释省级层面的健康（平均预期寿命），从而避免基尼系数这一群体指标对研究结论造成的偏误；第三，利用平均预期寿命这一客观指标对健康进行衡量，避免使用主观指标导致的估计偏差。

二 收入分配影响国民健康的理论机制分析

现有文献的研究结果表明，收入分配可能通过以下途径对个体健康水平产生影响。

（一）收入分配影响健康的宏观效应

个体收入的提高可以通过食物、医疗等方面的改善而提高健康水平。收入对健康的正面影响，无论是个体层面还是国家层面都得到了较为充分的研究支持。Preston（1975）较早的研究发现，生活在富裕国家的人比生活在贫困国家的人健康；Blakely 等（2000）的研究也表明，较高收入总是与良好的健康相联系，伴随着个人经济、社会地位的提高，其健康状况会得到改善；Khang 等（2004）的研究发现人均 GDP 和平均预期寿命之间存在显著的相关性。收入影响健康的理论被称为"绝对收入假说"。"绝对收入假说"认为绝对收入越高的人拥有越好的健康状况，但是收入对健康的正面影响程度是随收入提高而递减的，即健康和收入之间的关系是凹的（Rodgers，1979）。根据 Wagstaff 和 Doorslaer（2000）的研究，个体健康函数 $h=f(y)$ 满足条件：$f'(y)>0$，$f''(y)<0$，y 为收入，h 为预期寿命。

Subramanian 和 Kawachi（2004）将收入对健康的这种边际递减效应称为"凹陷效应"（concavity effect）。如果用预期寿命来衡量个体健康水平，那么收入对其健康影响的边际递减性就非常明显，因为人的寿命总是有限的，当收入足够高的时候，再增加收入对寿命的影响就极为有限。收入和健康间关系的凹性，意味着两者之间的关系是非线性的，那么收入的不同分配状况就会对国民的总体健康水平产生（统计上的）影响，也意味着收入从高收入者向低收入者转移，能够提高社会总体的健康水平，本章将这种效应称为"宏观效应"，以区别于收入分配直接影响个体健康的"个体效应"。

（二）收入分配影响健康的个体效应：直接机制

上述收入分配影响健康的宏观效应基于收入影响个体寿命的"绝对收入假说"（凹陷效应），除了"绝对收入假说"，很多学者（Pickett and Wilkinson，2015；温兴祥，2018；马万超等，2018）认为收入分配本身会直接影响个体的健康。我们将收入分配对个体健康的影响称为"个体效应"。显然，这种个体效应也会体现在收入分配对国民总体健康水平的影响上。

收入分配影响个体健康的最直接的途径就是社会心理机制。由于人是社会性动物，总处于一定的社会关系之中，因此生活在社会群体中的人们不可避免地会进行社会比较，比较的结果会给劣势的一方带来"相对剥夺感"，进而增强劣势一方的挫败感和压力。因此，个人健康会因相对收入下降而恶化。通常而言，这种负面影响会出现在低收入的群体当中，即低收入群体的健康更容易受到收入分配差距的影响。收入相对剥夺感是个体进行收入的社会比较的结果，它对个体的影响主要表现为"嫉妒效应"（Li and Zhu，2006；苏钟萍和张应良，2021）。当个体意识到收入分配差距的严重性时，个体的收入相对剥夺感便会产生，由此带来的"嫉妒效应"会增强个体的沮丧、压抑、妒忌等负面情绪，对他产生巨大的心理压力，导致其健康状况恶化。

收入分配差距给个体带来的相对剥夺感也可能会影响其生活方式（温湖炜和郭子琪，2015；侯玉波和葛枭语，2020），导致吸烟、酗酒、暴力犯罪等不良行为发生频率的增加，影响居民健康。Sommet 等（2018）的研究表明，那些面临经济稀缺的人往往是处于较低社会阶层的人，他们更容易产生阶层焦虑，收入分配差距会降低他们的幸福感，进而诱发更多的心理健康问题。

（三）收入分配影响健康的个体效应：间接机制

收入分配对个体健康的间接影响机制之一是收入分配会通过资源配置途径影响个体健康。根据稀缺资源配置的经济学原理，人们对有助于健康的物质资源及服务的需求会随着收入的增长而增加，需求的增加会相应地提高维持健康的物质资源及服务的价格。因此，一个社会群体中处于收入水平较高层次的个体相比于贫穷的个体，对健康产品及服务的可及性更强，他们更容易在市场上获得维持健康的物质资源和医疗服务。健康保障产品和医疗服务的缺乏不利于贫困群体的健康状况。另外，收入水平较高的群体和收入水平较低的群体对健康产品和医疗服务的偏好差别较大，收入水平较高的群体偏好于获得更优质的医疗服务和产品，而收入水平较低的群体却难以负担更好的医疗服务和产品。因此，富裕群体会向医疗服务更好的地区聚集。此外，由于资源的稀缺性以及资源的供给总是会向利润最大的地方聚集，所以会造成医疗资源的供给不均匀，收入水平较低的群体难以享有健康保障产品和医疗服务以及医疗技术升级带来的"技术外溢"，从而其健康状况较差。

收入分配对个体健康的另一间接影响机制为收入分配会通过社会凝聚途径影响个体健康。我国是一个相对传统的关系型社会，研究表明，个体调动社会资源的重要途径之一是社会资本，社会资本有助于个体对医疗资源的获取，从而对个体健康具有显著的正向作用（周广肃等，2014）。Villalongaolives 和 Kawachi（2015）提到，收入分配差距的加大会侵蚀社会资本，社会资本遭到侵蚀，会导致面临大病冲击的贫困群体难以通过富裕的社会资本得到亲朋好友的借贷和转移支付以筹集资金治愈疾病，从而不利于贫穷个体的健康。另外，巨大的收入分配差距会扩大社会成员之间的社会距离，导致个体之间的社会关系紧张，社会成员之间彼此不信任，人际关系冷漠，降低社会凝聚力（齐良书，2006），这反过来又通过社会心理反馈（psychosocial responses）机制影响个人健康。例如，社会成员之间的信任感缺失容易导致社会冲突，破坏和谐的社会氛围，增加犯罪、暴力事件的发生频率，对人们的健康产生不利影响。

三 收入分配对国民健康影响的计量方法

设个体的健康函数为 $h = h(y, G)$，为了能够有效分离两种不同的效应，我们考虑具体的函数形式：

$$h = f(y)g(G) \tag{6-1}$$

其中，h 表示个体的健康水平（本章使用预期寿命测度），y（>0）表示个体收入，$G \in [0, 1]$ 为基尼系数。

$f(y)$ 满足 $f(y) > 0$，$f'(y) > 0$，$f''(y) < 0$，$\lim\limits_{y \to \infty} f(y) = a > 0$，即收入对健康的影响是正面的，并且这一影响（效应）边际递减；而且

当收入足够高时，个体寿命会接近一个正的极限值 a，绝对收入与健康的函数关系如图 6-1 所示。$g(G)$ 满足 $g(G)>0$，$g(0)=1$，$g'(G)<0$，因此有 $g(G)<1$。从而当 $G=0$ 时，$h=f(y)$。即当收入分配完全平等时，个体的健康（寿命）仅受收入的影响，不受基尼系数的影响。

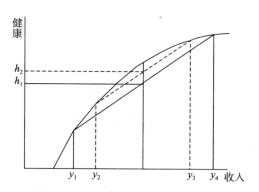

图 6-1　绝对收入与健康的函数关系

由于发展中国家的收入分布通常为经典帕累托分布，Sarabia 等（1999）基于经典帕累托收入分布推导的洛伦兹曲线函数得到了广泛的应用，因此本章选取具有一般性的基于经典帕累托收入分布的洛伦兹曲线计算基尼系数。基于经典帕累托收入分布的洛伦兹曲线函数为（参见第一章第三节第一小节）：

$$L(p) = 1-(1-p)^{\frac{1-G}{1+G}} \tag{6-2}$$

记 $\bar{y}$ 为平均收入，N 为总人口，则在总人口中，收入从低到高排列第 i 位的居民收入为：

$$y_i = N\bar{y}\left[L\left(\frac{i}{N}\right)-L\left(\frac{i-1}{N}\right)\right], i=1,2,\cdots,N$$

则一国居民平均健康水平（预期寿命）为：

$$\bar{h} = \frac{1}{N}\sum_{i=1}^{N}h_i = \frac{1}{N}g(G)\sum_{i=1}^{N}f(y_i) = \frac{1}{N}g(G)\sum_{i=1}^{N}f\left(Y\left[L\left(\frac{i}{N}\right)-L\left(\frac{i-1}{N}\right)\right]\right)$$

将（6-2）代入上式，得：

$$\bar{h} = g(G) \frac{1}{N} \sum_{i=1}^{N} f\left(N\bar{y}\left[\left(1 - \frac{i-1}{N}\right)^{\frac{1-G}{1+G}} - \left(1 - \frac{i}{N}\right)^{\frac{1-G}{1+G}} \right] \right) \quad (6-3)$$

记 $F(\bar{y}, G) = \frac{1}{N} \sum_{i=1}^{N} f\left(N\bar{y}\left[\left(1 - \frac{i-1}{N}\right)^{\frac{1-G}{1+G}} - \left(1 - \frac{i}{N}\right)^{\frac{1-G}{1+G}} \right] \right)$ ，则：

$$\bar{h} = g(G) F(\bar{y}, G)$$

从而可以得到以下命题。

命题 6-1 $\dfrac{\partial \bar{h}}{\partial G} < 0$，即收入分配差距越大，国民平均预期寿命越短[①]。

命题 6-1 意味着，收入对个体健康的"凹陷效应"导致了收入分配差距对平均预期寿命的负面影响。

当平均收入 $\bar{y}$ 不变，计算收入分配差距导致的平均预期寿命（静态）损失：

$$Th = g(0)F(\bar{y}, 0) - g(G)F(\bar{y}, G) = f(\bar{y}) - F(\bar{y}, G) + [1 - g(G)]F(\bar{y}, G) \quad (6-4)$$

记：

$$Th_1 = f(\bar{y}) - F(\bar{y}, G), \quad Th_2 = [1 - g(G)]F(\bar{y}, G) \quad (6-5)$$

则 Th_1 为宏观效应（凹陷效应）损失，Th_2 为个体效应损失。

在实际的方程估计中，如果无法单独估计函数 $g(G)$[②]，则可以使用总体影响（估计）函数 $H(\bar{y}, G)$ 来替代 $g(G)F(\bar{y}, G)$，得到：

$$Th = f(\bar{y}) - H(\bar{y}, G), \quad Th_1 = f(\bar{y}) - F(\bar{y}, G), \quad Th_2 = F(\bar{y}, G) - H(\bar{y}, G)$$

由于 $Th_1 > 0$，且 $\lim\limits_{\bar{y} \to \infty} [f(\bar{y}) - F(\bar{y}, G)] = 0$，由此我们容易得

[①] 证明可参考王宋涛和吴超林（2013）。

[②] 估计 $g(G)$ 必须将微观数据和社区数据相结合。

出命题 6-2。

命题 6-2 收入分配影响平均预期寿命的宏观效应损失的"总体趋势"趋减于 0，即当平均收入 $\bar{y}$ 足够大的时候，宏观效应损失 Th_1 就会非常小。

这个命题是非常直观的，当平均收入足够大时，大多数个体的收入足够高，预期寿命也逐渐趋近于极限值，因此此时的收入分配差距对平均预期寿命影响就较小。而当平均收入较低时，收入分配差距对平均预期寿命影响就较大，因为高收入者能增加的寿命是非常有限的。

考虑在总收入也同时发生变化的情形下，收入分配差距变化对平均预期寿命变化的影响。假设基尼系数变动为 ΔG，居民平均收入变动为 $\Delta\bar{y}$，则平均预期寿命变动可以表示为：

$$\Delta\bar{h} = H(\bar{y}+\Delta\bar{y}, G+\Delta G) - H(\bar{y}, G) \tag{6-6}$$

其中，由于收入分配差距变动而导致的平均预期寿命变动可表示为：

$$\Delta\bar{h} = \left[H(\bar{y}+\Delta\bar{y}, G+\Delta G) - H(\bar{y}, G+\Delta G) \right] + \left[H(\bar{y}, G+\Delta G) - H(\bar{y}, G) \right]$$

$$\Delta\bar{h} = \Delta\bar{h}_y + \left[Th' - Th \right] = \Delta\bar{h}_y + \left[Th'_1 - Th_1 \right] + \left[Th'_2 - Th_2 \right] = \Delta\bar{h}_y + \Delta Th_1 + \Delta Th_2$$

其中，第一项表示收入变化对平均预期寿命的影响，第二项表示收入分配差距的宏观效应对平均预期寿命的影响，第三项表示收入分配差距对平均预期寿命的直接影响。

基于上述理论分析及命题推导，本章提出以下研究假设。

假设 6-1 地区经济发展水平越高，该地区居民的平均健康状况越好。

假设 6-2 地区收入分配差距越大，该地区居民的平均健康状况越差。

假设 6-3 随着人均 GDP 的不断提高，收入分配差距影响平均预期寿命的宏观效应损失逐渐减少，其总体趋势趋减于0。

根据健康的函数形式即式（6-1），在实证分析中，我们设定回归模型估计总体健康函数：

$$\ln(pLife)_{it} = a_0 + a_1\ln(pGdp)_{it} + a_2 Gini_{it} + a_3 X_{it} + \varepsilon_{it} \qquad (6\text{-}7)$$

式中，$pLife$ 为各省份平均预期寿命，$pGdp$ 为各省份人均 GDP，$Gini$ 为各省份居民收入的基尼系数，由于收入与健康的相关关系呈非线性，故对该各省份人均 GDP 取对数；X_{it} 为各控制变量，具体包括城镇化率 $citys$（毛丰付和姚剑锋，2015；丁宏等，2018）、人均受教育水平[1] $pEdu$（朱承亮等，2011；赵红军和胡玉梅，2016；成前和李月，2020）、男性比 $males$；ε_{it} 表示随机误差。a_0 的符号预期为正，a_1 的符号预期为正，a_2 的符号预期为负。

四　收入分配对中国居民健康影响的实证分析

（一）数据来源

本章所使用的省级数据均来自 Wind 数据库和全国及各省份统计年鉴。但由于平均预期寿命的数据较少，每 10 年才更新一次，因此实际上是 1990 年、2000 年和 2010 年数据[2]。所有名义数据均已经过价格调整（以 1990 年为基年）；基尼系数使用三个年份的各省份城乡居民分组收入数据（来源于各省份统计年鉴）计算得到[3]。使用 Stata 16 软件进行数据分析。表 6-1 是对所有变量的描述性统计结果。

---

[1]　使用加权法计算，计算方法参考朱承亮等（2011）。
[2]　由于重庆 1990 年还未划为直辖市，故部分变量缺少重庆市 1990 年的数据。
[3]　数据统计结果表明，省级层面的基尼系数小于同年份全国的基尼系数，这是由于全国层面的基尼系数有一部分是由于地区或省份差距造成的，而省内的收入分配差距相对要小一些。

表 6-1 变量的描述性统计

变量	变量含义	样本量	均值	标准差	最小值	最大值
pLife	平均预期寿命	92	71.45	4.216	59.64	80.26
pGdp	人均 GDP	92	0.618	0.611	0.0810	2.657
Gini	居民收入基尼系数	92	0.360	0.0658	0.193	0.495
pEdu	人均受教育年限	92	7.452	1.243	4.744	11.07
citys	城镇化率	92	0.413	0.184	0.140	0.893
males	男性比	92	0.516	0.0108	0.500	0.602

（二）回归结果

本章使用多期混合截面数据（pool data）模型进行回归，因为面板数据间隔期为 10 年，很多影响平均预期寿命的其他因素（如气候、风俗习惯，甚至行政区划的范围等）都发生了变化，而且只有 3 年的数据，个体特征不明显，数据结构更具有截面性质。实际上，能否采用混合截面数据模型要依据研究期间模型结构是否发生显著性变化来判断（伍德里奇，2009）。因此，我们进行了邹至庄 F 检验，对应的 P 值（F＝0.9124）为 0.5391；但上述检验须在同方差假定之下，从而我们又将主要解释变量 Gini 与 ln（pGdp）与时间虚拟变量的交互项加入模型中，结果发现交互项的系数均不显著，因此我们可以放心地接受原假设，即模型结构并未随时间发生显著变化，故而采用多期混合截面数据模型。同时，我们考虑了异方差、空间自相关可能带来的不良后果，故而使用稳健标准误进行估计，以保证稳健性。[①] 回归估计结果如表 6-2 所示。

表 6-2 多期混合截面回归结果

变量	（1）	（2）	（3）	（4）	（5）	（6）
ln（pGdp）	0.054 ***	0.058 ***	0.028 ***	0.038 ***	0.027 ***	0.036 ***
	（0.004）	（0.004）	（0.004）	（0.006）	（0.004）	（0.006）

---

① 以残差平方作为权重使用 WLS 得到的系数估计结果与 POLS 下的差异不大，且均显著。因无法确认异方差的具体形式，我们更倾向于使用稳健标准误下的回归结果。

续表

变量	（1）	（2）	（3）	（4）	（5）	（6）
Gini		−0.187*** （0.044）		−0.132*** （0.047）		−0.129*** （0.047）
pEdu			0.027*** （0.005）	0.023*** （0.005）	0.027*** （0.005）	0.023*** （0.005）
citys			−0.048** （0.023）	−0.063** （0.027）	−0.047** （0.024）	−0.062** （0.027）
males					−0.336* （0.181）	−0.311** （0.124）
常数项	4.317*** （0.003）	4.388*** （0.016）	4.116*** （0.037）	4.208*** （0.049）	4.285*** （0.098）	4.364*** （0.089）
观测值	103	103	101	101	101	101
调整 R^2	0.714	0.752	0.818	0.835	0.822	0.838

注：括号中的数值为标准误；*、** 和 *** 分别表示 10%、5% 和 1% 的显著性水平。

在列（1）中，我们只考虑人均 GDP 对平均预期寿命的影响。回归结果表明人均 GDP 对数这一变量的系数在 1% 的水平上显著，符号为正，说明在其他因素不变的情况下，经济发展越好，居民的平均预期寿命越长。列（2）~列（6）在列（1）的基础上加入了居民收入基尼系数 *Gini* 及各控制变量，结果显示人均 GDP 对数的系数符号仍为正，且均在 1% 的水平上显著。进一步证明了地区人均 GDP 对居民的健康状况具有显著的正效应，地区经济越发达，当地居民的平均预期寿命越长，这与假设 6-1 一致。

列（2）中的结果显示，居民收入基尼系数 *Gini* 的系数在 1% 的水平上显著，符号为负，表明在其他因素不变的情况下，收入分配差距越大，居民的平均预期寿命越短。列（4）和列（6）中加入一系列的控制变量，收入分配差距对居民健康的影响方向不变。这一结果为假设 6-2 提供了实证支持。

从理论来说，关于个体受教育程度对其健康的影响较为一致的解释是：一方面，相比于受教育程度低的人群，受教育程度高的人群普遍更了解医疗保健方面的知识，对自我健康的维护意识相对更强；另一方面，受教育程度高的人所从事的工作给他们带来的回报更高，他们进而可以选择价格更高、品质更好的食物和生活，这有助于健康状况的改善。此外，从学习对人体生理功能的促进方面来说，受教育程度高的人群大脑的开发和利用程度较高，神经之间的传导更密切，这不仅利于全身各脏器细胞的营养，也能充分发挥各细胞的活力和功能，有助于人体健康。一般而言，城镇化水平的提高能够改善个体的卫生条件。地区男性比对地区平均预期寿命的影响则是基于相对女性，男性的社交活动和生活习惯更加混乱，比如男性抽烟饮酒现象较为普遍。同时，由于社会分工不同，受传统的"男主外，女主内"思想影响，相比女性，男性更容易受到收入分配差距的影响。由于在工作生活中面临的竞争更大，他们对收入分配差距的感知更强烈。因此，我们预期人均受教育年限的符号为正，城镇化率的符号为正，男性比的符号为负。从列（6）来看，人均受教育年限和男性比的回归系数符号均与预期相符，分别为 0.023 和 −0.311，且分别在 1% 和 5% 的水平上显著。而城镇化率的系数符号与预期相反，一种可能的解释是城镇化水平的提升使各类食品迅速普及，人们对高热量、不健康的食物获取更为方便和频繁，这不利于个体的健康。

由于回归分析的目标是进行参数估计并将参数用于后文具体效应值的计算，因此我们还要重点关注方程的拟合度，也就是调整 R^2。从结果来看，各列的拟合度都比较高，其中列（6）的调整 R^2 为 0.838，方程的解释力较强。

（三）宏观效应和个体效应

首先，使用表 6−2 列（6）中的回归系数，根据中国年度的人均 GDP 和基尼系数，估算现实中中国居民平均预期寿命，并据此计算基尼系数对平均预期寿命的静态相对总体影响。其次，使用中国 1990～2010 年的序列数据，使用 C++ 语言进行编程并用 Visual C++ 6.0 软件进行计算，研究期间的指标数据及计算结果见表 6−3。

表6-3　收入分配差距对平均预期寿命的影响

| 年份 | pLife | | | $f(y)$ | $F(y,G)$ | 总体损失 Th | 损失率（%） | 宏观效应损失 Th_1 | 个体效应损失 Th_2 | 损失贡献率（%） | |
	统计值	计算值	相对误差（%）							宏观效应	个体效应
1990	68.55	68.19	-0.53	70.58	69.35	2.39	3.39	1.22	1.17	51.05	48.95
1991	68.84	68.48	-0.51	70.95	69.78	2.47	3.48	1.17	1.30	47.35	52.65
1992	69.12	69.05	-0.10	71.60	70.52	2.55	3.57	1.08	1.47	42.49	57.51
1993	69.41	69.53	0.17	72.16	71.14	2.64	3.65	1.02	1.62	38.65	61.35
1994	69.69	69.90	0.30	72.62	71.62	2.72	3.74	0.99	1.72	36.55	63.45
1995	69.98	70.20	0.32	73.00	72.01	2.80	3.84	0.99	1.81	35.32	64.68
1996	70.26	70.58	0.46	73.29	72.43	2.71	3.70	0.86	1.85	31.76	68.24
1997	70.55	71.06	0.74	73.83	72.99	2.76	3.74	0.83	1.93	30.09	69.91
1998	70.83	71.27	0.62	74.09	73.28	2.82	3.81	0.81	2.01	28.80	71.20
1999	71.12	71.45	0.48	74.36	73.55	2.91	3.91	0.81	2.10	27.84	72.16
2000	71.40	71.67	0.38	74.74	73.91	3.07	4.11	0.83	2.24	26.97	73.03
2001	71.74	72.02	0.39	75.33	74.44	3.31	4.40	0.89	2.42	26.94	73.06
2002	72.05	72.23	0.25	75.67	74.78	3.44	4.55	0.88	2.56	25.66	74.34
2003	72.33	72.49	0.22	76.07	75.20	3.58	4.70	0.87	2.71	24.23	75.77
2004	72.58	72.80	0.30	76.35	75.59	3.55	4.65	0.75	2.79	21.20	78.80
2005	72.80	72.85	0.06	76.49	75.78	3.64	4.76	0.71	2.93	19.43	80.57
2006	73.01	72.97	-0.05	76.64	76.01	3.66	4.78	0.62	3.04	17.05	82.95
2007	73.19	73.31	0.16	76.96	76.43	3.66	4.75	0.53	3.13	14.48	85.52
2008	73.35	73.43	0.11	77.15	76.65	3.72	4.82	0.49	3.22	13.30	86.70
2009	73.50	73.63	0.18	77.35	76.90	3.72	4.81	0.45	3.27	12.14	87.86
2010	74.83	74.05	-1.04	77.72	77.34	3.67	4.72	0.38	3.29	10.39	89.61
平均	71.39	71.48	0.14	74.62	73.80	3.13	4.18	0.82	2.31	26.20	73.80

注：1990年、2000年和2010年的平均预期寿命来源于中国人口普查，其余年份的使用插值法计算得到。

由表6-3中的结果可以看出，从1990年至2010年，随着我国人均GDP的不断提高，收入分配差距的宏观效应对平均预期寿命的影响越来越小，表现为宏观效应损失总体上越来越小，宏观效应损失贡献率逐年降低。相应地，个体效应损失随着我国人均GDP的提高而逐年增加。

1990~2010 年，收入分配差距对中国居民平均预期寿命影响的宏观效应损失贡献率为 26.20%，个体效应损失贡献率为 73.80%，收入分配差距对居民平均预期寿命的影响更多地体现在对个体健康的影响。

小　结

根据 1990 年、2000 年和 2010 年的人口普查数据和相应年份各省份的统计资料，采用多期混合截面数据模型进行收入分配差距对平均预期寿命的影响研究。研究发现，收入分配差距对我国居民健康有显著的负面影响。进一步利用本章构建的方法，对影响的宏观效应和个体效应进行分解，结果显示宏观效应的影响占 26.20%，个体效应的影响占 73.80%；并且随着我国人均 GDP 的不断提高，收入分配差距对平均预期寿命影响的宏观效应逐渐变小，收入分配差距主要通过直接影响个体进而影响居民健康水平。

本章研究结论的政策启示是明显的：既要通过经济发展和有效政策缩小收入分配差距，不断消除收入分配差距影响居民平均预期寿命的宏观效应，也要采取具体措施，结合收入分配差距影响居民健康的具体机制，干预和消除收入分配差距对个体健康造成的影响，全面提高中国居民的健康水平。

第七章 收入分配的国民福利效应

学术观点迥异的福利经济学家一致同意：收入分配差距损害了国民福利[①]；因此中国的收入分配差距必然会阻碍中国国民福利的增长。如果认可经济增长的宗旨就是为了提高国民福利水平，我们就不得不将缩小收入分配差距与发展经济看得同样重要。那么，中国的收入分配差距造成的福利损失以及收入分配差距对中国国民福利增长的影响有多大？回答这个问题对于我们准确把握和处理收入分配和经济发展的关系有重大的现实意义。长期以来，由于缺乏合理或可行的国民福利函数（或者说缺乏被大多数福利经济学家一致认可的国民福利函数）以及其他主观的原因，这方面的研究相对薄弱。

实际上，在阿罗（Arrow，1951）提出著名的关于社会选择的"不可能定理"后，福利经济学就重新掀起了一场革命[②]，其直接后果就是以效用主义（Utilitarianism）[③]为内核的旧福利经济学实现了回归。虽然也不乏反对的声音（Sen，1970a，1970b；Rawls，1971），但大量研究成果（Harsanyi，1955；Atkinson，1970；Kemp and Ng，1976；Park，1976；Ng，1996）逐渐表明：效用主义在评价社会福利上的有效性不是

[①] 福利经济学中通常称为"社会福利"（social welfare），为了避免与汉语中的"社会福利"混淆，本章称之为"国民福利"，但在引述中仍称为"社会福利"，如无特别说明，两者是等价的。

[②] 前一场福利经济学的革命应该是以希克斯为代表的序数主义以及无差异分析方法的兴起。

[③] 在国内通常译为"功利主义"，由于汉语特有的语义，我们使用"效用主义"这个更为中性的译法。

削弱而是增强了；效用主义也许不是完美的，但是最可行的。由于在分析收入分配对社会福利影响方面的框架相对成熟，因此效用主义的回归使得研究收入分配对国民福利的影响就变得尤为可行并更具现实意义。

一 关于收入分配国民福利效应的研究综述

有关收入分配对国民福利影响的研究可以追溯到旧福利经济学时代，其代表人物庇古以边沁（Jeremy Bentham）和密尔（John S. Mill）的效用主义哲学为基础，结合戈森（Hermann H. Gossan）、杰文斯（William S. Jevons）、门格尔以及瓦尔拉斯等人提出的"边际效用递减规律"，得出结论：总收入既定时，分配差距越大，国民福利水平越低。由于没有合适的衡量收入分配差距的指标，庇古并没有给出严格证明。道尔顿（Dalton，1920）以效用主义为基础，采用对数效用函数，给出了一个衡量收入分配差距福利损失的函数，首次提出了收入分配差距的福利损失概念。阿特金森（Atkinson，1970）使用效用主义的社会福利函数，利用洛伦兹曲线刻画收入分配差距，首次完整地证明总收入既定时，洛伦兹曲线越靠下方（即收入分配差距越大），则社会总福利水平越低。但 Dasgupta 等（1973）对此提出质疑，认为他使用了具有严格假设的效用主义社会福利函数，效用主义的较严格假设促使福利经济学家寻求其他的社会福利函数。

Bergson（1938）和 Samuelson（1947）较早提出一般化的个人主义社会福利函数，但没给出函数的具体形式，因此无法用于计算国民福利。常见的具有具体形式的个人主义社会福利函数包括：新古典效用主义社会福利函数（Vickrey，1945）、纳什社会福利函数（Nash，1950）、最大最小化社会福利函数（Rawls，1971）、精英社会福利函数。

个人主义社会福利函数实际上都蕴含效用的人际可比较（Sen，1970a），而 Harsanyi（1955）和 Ng（1984）在很弱的假设条件下证明，考虑人际可比较的社会福利函数必然是个体效用的无权加总；所以除效用主义社会福利函数外，其他个人主义社会福利函数都违背了这一点。实际上，新古典主义效用函数意味着要根据个体的不同享受能力给予不同的效用权重，Ng（1982）认为这明显违反了弱式多数偏好（weak majority preference，WMP）准则，而且现实中各人的享受能力是难以观察的；纳什社会福利函数则意味着只要有一个个体效用无穷小，则全社会的福利也无穷小，这违背了很多基本准则（如帕累托准则、WMP准则、非独裁准则）；最大最小化社会福利函数同样由于过分考虑低收入者的福利而受到批评（Harsanyi，1975），实际上也违背了帕累托准则、WMP准则和非独裁准则（Ng，1990）；精英社会福利函数则过于考虑效率，忽视公平，也是极度违反伦理的，实际上它不但违背了帕累托准则、WMP准则，而且违背了森（Sen，1973）提出来的"弱平等公理"（weak equity axiom，简写为WEA）。

为了回避个体效用的人际比较和可加性问题，福利经济学家提出了非个人主义的社会福利函数。Dasgupta等（1973）提出了一个对称且严格拟凹的非个人主义社会福利函数一般形式，并用它证明了与阿特金森（Atkinson，1970）同样的命题；该社会福利函数满足了"阿罗不可能定理"的大部分条件——除了序数主义，因此必然蕴含基数效用假设，而其对称性假设也蕴含个人主义中的个体效用的人际可比、个体效用函数相同以及个体效用权重相同的假设，其凹性假设则与效用主义的个体边际效用递减假设差别并不大，因此该社会福利函数相对于效用主义的社会福利函数实际上并没有优势。森（Sen，1974）通过对阿特金森指数进行变换提出了一个具有对称性和拟凹性的包含人均收入和基尼系数的具体社会福利函数（也称森的指数）$R=\bar{y}(1-G)$，该指数简单直观，在分析收入平等与国民福利之间的关系中被广泛地应用。但实际上，森的指数存在内在逻辑矛盾[①]。赵志君（2011）基于效用主义推导出一个包含最低收入、人均收入及基尼系数的非个人主义形式的社会福利函

---

① 关于森的指数的内在逻辑矛盾，详细证明见附录一。

数，但其研究结果明显值得商榷①。

总体而言，就分析收入分配对国民福利的影响而言，效用主义的社会福利函数相对其他各种社会福利函数更加合理且更具操作性。事实上，大量研究表明：效用主义的基本假设是可靠的，它们可以通过很弱的公理推导得到。

（1）效用基数性/可测性假设。对于任何一种合理地将个体效用或福利加总成社会福利的函数形式能够成立，效用的基数性是必要的（Kemp and Ng，1976；Park，1976）。但基数效用一直受到经济学家的质疑（Pareto，1896；Slusky，1915；Kolm，1993），他们认为效用作为一种心理现象是无法测量的，在 Hicks 和 Allen（1934）提出"序数效用论""无差异分析"以及 Samuelson（1938）提出"显示偏好理论"以后，以基数效用为内核的旧福利经济学逐渐被新福利经济学所取代。直到阿罗（Arrow，1951）提出了关于社会选择的"不可能定理"，人们才认识到仅有序数效用是不够的，阿罗社会福利函数要成立，唯一能放弃的就是序数主义，引入基数效用（偏好强度），否则就只有放弃个人主义，而这是不可能的（Kemp and Ng，1976）。虽然 Little（1952）和 Samuelson（1967）试图推翻"阿罗不可能定理"，但被证明是徒劳的（Kemp and Ng，1976；Park，1976）。森（Sen，1970b）提出了帕累托准则与自由准则冲突的"不可能定理"，并认为应该放弃序数主义。因此，加总的社会福利函数需要基数效用。虽然很多经济学家认为对效用进行测量是困难的，但这并不能作为推翻效用基数性的理由。神经元经济学的最新实验成果（Stuphorn，2006）证明灵长类动物眶前额叶皮层包含一个基数效用地图（cardinal utility map），这个地图内的神经元负责对某一特定选项的主观效用进行基数编码，并运用它来解释经济行为。Ng（1975）基于 Borda（1781）和 Edgeworth（1881）提出的有限

---

① 对该文的推导过程的正确性我们不做评论，仅就该文推导出来的社会福利函数以及该文使用的常相对风险厌恶型效用函数，只要令最低收入者收入趋于 0，则全社会的福利趋于无穷大，这点明显违背常理。

识别力（有限敏感度）给出了测量效用的方法；Clarke（1971）和
Groves（1970, 1973）也提出了符合激励效应的偏好揭示机制，它可用
于测量效用。

（2）效用人际可比假设。对于个体效用加总成社会福利的函数形
式能够成立，效用的人际比较也是必要的（Sen, 1970a）。Kolm（1993）
认为基数效用的人际比较是不可能的，但 Ng（1975, 1982, 1983,
1996）认为不但个人基数效用是人际可比的，而且存在对效用进行比
较的行之有效的方法。如果序数主义主张的序数效用可以人际比较，为什
么基数效用就不可以比较呢？Ng（1984）证明了在很一般的条件下，
效用水平的人际可比性（序数效用）蕴含效用差值（基数效用）的人
际可比性。因此，承认序数效用的人际可比，就必须承认基数效用的人
际可比。

（3）边际效用递减假设。边际效用递减在被提出后，已经成为西
方经济学的基石，作为一个心理定律，它几乎是确凿无疑的。边际效用
递减原则实际上可由韦伯-费克纳定律（the Weber-Fechner law）推出，
并已为大多数人所接受（Ng, 1975）。即使序数效用论也承认边际效用
递减规律。叶航（2003）认为，对于边际效用递减学说建立在效用可
以直接计量（即基数效用）的假设之上，实际上是一个误解，序数效
用理论所使用的边际替代率递减规律实际上就蕴含边际效用递减。如果
不同个体的效用可以排序和比较，那么效用的差值①自然也就可以排序
和比较（Ng, 1984）。因此，边际效用递减应该是最没有异议的一个
假设。

（4）社会福利为个体效用无权加总假设。Harsanyi（1953, 1955）
利用著名的中立观察者假设（impartial observer theorem），论证了基数
社会福利函数必然为所有社会成员效用的无权加总，即：$U = \sum_{i}^{N} u_i$。虽

---

① 序数效用也承认存在"边际效用"（即效用差值），参见范里安的《微观经济学：现
代观点》（第七版，中国石化出版社，2012）中的第51页。

然森（Sen，1986）和罗默（Roemer，1996）对中立观察者假设提出质疑，但 Ng（1984）证明只要考虑效用的人际可比性，Harsanyi 的结论就是可靠的。Ng（1975）利用 WMP 准则，同样证明了社会福利为个体效用无权加总的结论。Mueller（1989）认为，WMP 准则足够弱（比帕累托准则和多数人裁定原则都弱），但已经足以支持边沁（效用主义）的社会福利函数。

（5）个体效用函数相同假设。"社会福利函数为个体效用的无权加总"结论也许暗含个体具有相同的享受能力（效用函数）的假设[1]，但 Harsanyi（1953）和 Ng（1984）的研究并没有直接说明这一点。森（Sen，1976）对效用主义提出批评，认为效用主义的选择背离了弱平等公理[2]：具有更弱享受能力理应分配得更多。弱平等公理是以效用平等为目标，即坚持"平等主义式"的严格拟凹社会福利函数，而这明显违背了 WMP 准则：在 WMP 准则下，只要总效用给定，那么任何不同分配方案就没有优劣之分（Ng，1975）[3]。何况，现实中要识别个体享受能力的差异是困难的，Lerner（1944）的研究表明，即使不同的人有不同的享受能力，只要不知道不同人的能力水平，那么给定总收入，均等分配会使预期总效用最大化。因此，假定不同个体具有相同的享受能力或效用函数，对于加总社会福利函数是可行的。事实上，在森（Sen，1974）自己构造的非个人主义社会福利函数（即森的指数）中，对称性假设也蕴含个体效用函数相同的假设。

---

[1]　如果两个个体具有相同的收入 y，但效用函数不同，分别为 $u_1 = u(y)$、$u_2 = 2u(y)$，那么无权加总的社会福利就为：$U = u_1 + u_2 = u(y) + 2u(y) = 3u(y)$，这里的"2"算不算权数呢？如果不算，所谓的简单加权又有什么意义？所谓的权数完全可以蕴含于个体的不同效用函数中。

[2]　森（Sen，1976）对效用主义的批判的另一角度就是认为效用主义社会福利函数是严格凹的，实际上这是对效用主义的误解。效用主义认为个人的效用函数严格凹，而社会福利函数是个体效用的线性函数。也许森后来意识到这一点，之后他就以弱平等公理批判效用主义。

[3]　如果说收入平等是为了实现社会福利最大化，那么"效用平等"是为了什么？只能说是为了平等而平等。弱平等公理受到 Ng（1975）的严厉批驳：效用平等只是效用幻觉导致的。

上述分析结果表明，效用主义社会福利函数的基本假设是通过很弱的公理推导出来的，如果接受这些基本的公理，我们就要接受效用主义社会福利函数及其蕴含的平等主义观念①，而不是很主观地认为它会导致平均主义从而加以否定（方福前和吕文慧，2007），正如本章研究收入分配差距对国民福利的负面影响并不意味着笔者认为应该坚持分配上的平均主义。

二 收入分配影响国民福利的模型分析

根据上文的分析，参照阿特金森（Atkinson，1970）、Little 和 Mirrlees（1974）、Layard 和 Waltars（1994）以及 Dolan 和 Tsuchiya（2009）的研究，本章将使用效用主义社会福利函数，由此需引入效用主义的基本假设：（1）效用基数性（可测性）；（2）效用人际可比；（3）边际效用递减；（4）社会福利为个体效用无权加总；（5）个体效用函数相同。

（一）个体收入效用函数和收入边际效用递减

由于收入的效用会通过消费和财富积累（储蓄）得到体现，因此我们并不打算将边际效用递减假设直接应用于收入上。下面的模型将构建包含消费和储蓄的收入效用函数，先假定消费和储蓄的边际效用递减，再间接推出收入边际效用递减的结论。由于同样的收入对于个体而言用于消费和用于财富积累的效用并不相同，因此我们的效用函数设定就更加贴近实际。

首先，引入消费的边际效用递减假设。设 c 为个体的消费，$u(c)$ 为连续的消费效用函数，满足：

$$u(c) \geqslant 0, u'(c) > 0, u''(c) < 0; \lim_{c \to 0} u'(c) = +\infty, \lim_{c \to +\infty} u'(c) = 0 \qquad (7-1)$$

---

① 森（Sen，1970a）批评效用主义只考虑效用总和，不关注平等。实际上，效用主义的五个基本假设（特别是个体效用函数相同假设）已经蕴含平等主义观念。

　　一般而言，个体并不会完全消费掉其收入，而是保留一定的储蓄资产（财富），财富的作用有三：（1）财富可以在未来进行消费，可以给人们带来保障和安全感；（2）财富可以带来资本收益，使人们可能在未来获得更多的消费；（3）财富可以给人们带来名誉、社会地位等财富效应。也就是说，财富也可以给个体带来效用，关于在效用函数中引入财富，已有很多学者进行了论述（Kurz，1968；王宋涛等，2011）。因此，本章引入财富效用的假设，假定 s 为个体的储蓄（资产）[①]，$v(s)$ 为资产效用函数，其同样满足假设：

$$v(s)\geqslant 0,v'(s)>0,v''(s)<0;\lim_{s\to 0}v'(s)=+\infty,\lim_{s\to +\infty}v'(s)=0 \qquad (7-2)$$

　　假设消费效用和资产效用可以加权[②]，即：$U=u(c)+bv(s)$，其中为 $b>0$ 资产效用的权重。设收入 $y=c+s$，则 $U=u(c)+bv(y-c)=U(c,y)$。

　　其次，利用上述假设可以证明以下命题。

　　命题 7-1　个体的收入效用递增，边际收入效用递减，即 $\partial U/\partial y>0$，$\partial^2 U/\partial y^2<0$。

　　证明：由于个体在收入 y 既定的情况下进行消费决策，则有：$\partial U/\partial c=0$，即：

$$u'(c)-bv'(y-c)=0$$

记 $F(y,c)=u'(c)-bv'(y-c)=0$，利用隐函数定理有：

$$\frac{\partial c}{\partial y}=-\frac{F_y(y,c)}{F_c(y,c)}=\frac{bv''(y-c)}{u''(c)+bv''(y-c)}$$

根据式（7-1）和式（7-2），有 $0<\dfrac{\partial c}{\partial y}<1$，则：

───────────

① 为了简单起见，本模型不考虑个体期初的资产。但即使考虑个体的期初资产，也不影响模型的结论。

② 对于同个个体而言，一块钱用于消费和用于储蓄可以选择必然蕴含消费效用与资产效用可以比较和加总。

$$\frac{\partial U}{\partial y} = u'(c)\frac{\partial c}{\partial y} + bv'(y-c)\left(1-\frac{\partial c}{\partial y}\right) > 0$$

$$\frac{\partial^2 U}{\partial y^2} = u''(c)\left(\frac{\partial c}{\partial y}\right)^2 + bv''(y-c)\left(1-\frac{\partial c}{\partial y}\right)^2 + \left[u'(c)-bv'(y-c)\right]\frac{\partial^2 c}{\partial y^2} < 0$$

证毕。

假定消费效用函数和资产效用函数都为常相对风险厌恶型（CRRA），即：

$$u(c) = \frac{c^{1-\delta}}{1-\delta}, v(s) = \frac{s^{1-\beta}}{1-\beta}$$

其中 $0<\delta$，$\beta<1$ 为参数，$-\delta$ 为消费的边际效用弹性，$-\beta$ 为资产的边际效用弹性。

由此，个体的收入效用函数为：

$$U(c,y) = \frac{c^{1-\delta}}{1-\delta} + b\frac{(y-c)^{1-\beta}}{1-\beta}$$

由 $F(y,c) = c^{-\delta} - b(y-c)^{-\beta} = 0$，可解出微观消费函数 $c=f(y)$。做简单的变换有 $y-c = b^{1/\beta}c^{\delta/\beta}$，两边取对数得：

$$\ln(y-c) = (1/\beta)\ln(b) + (\delta/\beta)\ln(c) \tag{7-3}$$

利用收入 y 和消费 c 的数据进行回归分析，则可以估计出 $(1/\beta)$ $\ln(b)$ 和 δ/β 的值，取定 δ 的值，则可求出 β 和 b 的值。从而可计算个体的收入效用：

$$U(y) = \frac{[f(y)]^{1-\delta}}{1-\delta} + b\frac{[y-f(y)]^{1-\beta}}{1-\beta}$$

由于上文求解消费函数 $c=f(y)$ 过程比较复杂[①]，实证中可以直接

---

① 一般而言，使用牛顿迭代法进行求解。

对消费函数进行估计，设消费函数为幂函数[①] $c=ay^d$，则：

$$\ln(c)=\ln(a)+d\ln(y) \tag{7-4}$$

同样，利用收入 y 和消费 c 的数据可估计出参数 a 和 d。则个体的收入效用函数为：

$$U(y)=\frac{(ay^d)^{1-\delta}}{1-\delta}+b\frac{(y-ay^d)^{1-\beta}}{1-\beta} \tag{7-5}$$

（二）收入分配差距的负福利效应

根据第一章的理论方法，我们使用包含洛伦兹曲线的基尼系数来衡量收入分配差距：

$$G=1-2\int_0^1 L(p)\,dp$$

赵志君（2011）的研究表明，当效用函数为常相对风险厌恶型以及基尼系数给定时，最优收入分布为帕累托分布。考虑到上文我们使用了常相对风险厌恶型效用函数，因此选择基于经典帕累托收入分布的洛伦兹曲线函数：

$$L(p)=1-(1-p)^B$$

其中 $B>0$ 为参数。则对应的基尼系数为：

$$G=1-2\int_0^1 L(p)\,dp=(1-B)/(1+B)$$

可求得参数：

$$B=(1-G)/(1+G)$$

由此，得到以基尼系数 G 为参数的洛伦兹曲线函数：

---

① 即对数线性模型。幂函数形式意味着当收入变量的幂小于 1 时，边际消费倾向递减。实际上容易证明当 $\delta/\beta>1$ 时，边际消费倾向递减。如果使用多项式模型，则边际消费倾向非单调。

$$L(p) = 1-(1-p)^{\frac{1-G}{1+G}}$$

设 Y 为国民总收入，N 为国民总人口。则收入排在第 i 位的个体收入为：

$$y_i = Y\left[L\left(\frac{i}{N}\right)-L\left(\frac{i-1}{N}\right)\right] = Y\left[\left(1-\frac{i-1}{N}\right)^{\frac{1-G}{1+G}} - \left(1-\frac{i}{N}\right)^{\frac{1-G}{1+G}}\right]$$

从而国民总收入效用（国民福利）为：

$$W = \sum_i^N U(y_i) = \sum_{i=1}^N U\left(Y\left[\left(1-\frac{i-1}{N}\right)^{\frac{1-G}{1+G}} - \left(1-\frac{i}{N}\right)^{\frac{1-G}{1+G}}\right]\right) = W(Y,G)$$

$$(7-6)$$

根据命题 1-1，可以证明以下命题。

命题 7-2 国民福利是基尼系数的减函数，即 $\partial W/\partial G<0$；即收入分配差距越大，国民福利水平越低。

命题 7-2 的证明实际上暗含收入 Y 与分配 G 是相互独立的，即在收入既定的情形下，考虑不同分配方式对国民福利的影响。

根据命题 7-2，容易得到如下命题。

命题 7-3 若国民总收入既定，则绝对平等的分配（$G=0$）会使得国民福利最大化，绝对不平等的分配（$G=1$）会使得国民福利最小化。

（三）收入分配对国民福利影响的计量方法

传统新古典经济学模型大多基于代表性消费者的同质假设，因此反映收入异质性的基尼系数就难以进入宏观总量函数，以往文献研究收入分配（基尼系数）对宏观总量的影响一般只能使用计量分析（如回归分析），在数据及计量技术上或多或少存在一些局限。本章的国民福利函数可以直接用于计量基尼系数及其变化对国民福利的影响。

根据式（7-6）和命题 7-3，可以得到收入分配差距导致的福利损失：

$$TW = W(Y,0) - W(Y,G) = NU\left(\frac{Y}{N}\right) - \sum_{i=1}^{N} U\left(Y\left[\left(1 - \frac{i-1}{N}\right)^{\frac{1-G}{1+G}} - \left(1 - \frac{i}{N}\right)^{\frac{1-G}{1+G}}\right]\right)$$

$$(7-7)$$

很显然有 $\partial TW/\partial G < 0$，即收入分配差距越大，国民的福利损失越大。进一步可以得到收入分配差距导致的福利损失率：

$$pTW = \frac{TW}{W(Y,0)} = 1 - \sum_{i=1}^{N} U\left(Y\left[\left(1 - \frac{i-1}{N}\right)^{\frac{1-G}{1+G}} - \left(1 - \frac{i}{N}\right)^{\frac{1-G}{1+G}}\right]\right) / NU\left(\frac{Y}{N}\right)$$

$$(7-8)$$

使用具体的个体收入效用函数如式（7-5），即可根据式（7-7）和式（7-8）计算收入分配差距导致的福利损失及损失率。

当总收入不变时，还可以得到当收入分配差距（基尼系数）变化时的国民福利损失计算公式以及损失率计算公式：

$$TW = \sum_{i=1}^{N} U\left(Y\left[\left(1 - \frac{i-1}{N}\right)^{\frac{1-G_0}{1+G_0}} - \left(1 - \frac{i}{N}\right)^{\frac{1-G_0}{1+G_0}}\right]\right)$$
$$- \sum_{i=1}^{N} U\left(Y\left[\left(1 - \frac{i-1}{N}\right)^{\frac{1-G_1}{1+G_1}} - \left(1 - \frac{i}{N}\right)^{\frac{1-G_1}{1+G_1}}\right]\right)$$

$$(7-9)$$

$$pTW = 1 - \sum_{i=1}^{N} U\left(Y\left[\left(1 - \frac{i-1}{N}\right)^{\frac{1-G_1}{1+G_1}} - \left(1 - \frac{i}{N}\right)^{\frac{1-G_1}{1+G_1}}\right]\right) /$$
$$\sum_{i=1}^{N} U\left(Y\left[\left(1 - \frac{i-1}{N}\right)^{\frac{1-G_0}{1+G_0}} - \left(1 - \frac{i}{N}\right)^{\frac{1-G_0}{1+G_0}}\right]\right)$$

$$(7-10)$$

当总收入变化时，利用式（7-6），还可以计算基尼系数变化对国民福利的影响。对式（7-6）做差分，有：

$$\Delta W = \frac{1}{Y} \sum_{i=1}^{N} \{U'(y_i) y_i\} \Delta Y$$

$$- \frac{2Y}{(1+G)^2} \sum_{i=1}^{N} \left\{ U'(y_i) \left[\begin{array}{l} \left(1 - \frac{i-1}{N}\right)^{\frac{1-G}{1+G}} \ln\left(1 - \frac{i-1}{N}\right) \\ -\left(1 - \frac{i}{N}\right)^{\frac{1-G}{1+G}} \ln\left(1 - \frac{i}{N}\right) \end{array} \right] \right\} \Delta G$$

其中 $y_i = Y\left[\left(1 - \frac{i-1}{N}\right)^{\frac{1-G}{1+G}} - \left(1 - \frac{i}{N}\right)^{\frac{1-G}{1+G}}\right]$；右边第一项表示国民总收入变化对国民福利的影响（记为 $A_Y \Delta Y$），第二项表示基尼系数变化对国民福利的影响（记为 $A_G \Delta G$），各项与 ΔW 的比即相应因素影响的贡献率。

将个体的收入效用函数即式（7-5）代入上式，则有：

$$\Delta W = \frac{1}{Y} \sum_{i=1}^{N} \left[a^{1-\delta} d y_i^{d(1-\delta)} + b(y_i - ay_i^d)^{-\beta}(y_i - ady_i^d) \right] \Delta Y$$

$$- \frac{2Y}{(1+G)^2} \sum_{i=1}^{N} \left\{ \begin{array}{l} \left[a^{1-\delta} d y_i^{d(1-\delta)-1} + b(y_i - ay_i^d)^{-\beta}(1 - ady_i^{d-1}) \right] \times \\ \left[\left(1 - \frac{i-1}{N}\right)^{\frac{1-G}{1+G}} \ln\left(1 - \frac{i-1}{N}\right) - \left(1 - \frac{i}{N}\right)^{\frac{1-G}{1+G}} \ln\left(1 - \frac{i}{N}\right) \right] \end{array} \right\} \Delta G$$

$$(7-11)$$

上面的计算实际上是假定国民总收入以及基尼系数是变化的，而消费函数不变。进一步考虑消费函数变化的情形。简单起见，假定消费函数 $c = ay^d$ 的参数 a 是变化的，参数 d 不变①，则有：

$$\Delta W = \sum_{i=1}^{N} \left\{ \left[(ay_i^d)^{-\delta} - b(y_i - ay_i^d)^{-\beta} \right] y_i^d \right\} \Delta a$$

$$+ \frac{1}{Y} \sum_{i=1}^{N} \left[a^{1-\delta} d y_i^{d(1-\delta)} + b(y_i - ay_i^d)^{-\beta}(y_i - ady_i^d) \right] \Delta Y$$

$$- \frac{2Y}{(1+G)^2} \sum_{i=1}^{N} \left\{ \begin{array}{l} \left[a^{1-\delta} d y_i^{d(1-\delta)-1} + b(y_i - ay_i^d)^{-\beta}(1 - ady_i^{d-1}) \right] \times \\ \left[\left(1 - \frac{i-1}{N}\right)^{\frac{1-G}{1+G}} \ln\left(1 - \frac{i-1}{N}\right) - \left(1 - \frac{i}{N}\right)^{\frac{1-G}{1+G}} \ln\left(1 - \frac{i}{N}\right) \right] \end{array} \right\} \Delta G$$

$$(7-12)$$

---

① 由于实证分析中我们利用面板数据，使用变截距的时期固定效应进行参数估计，也即参数 a 变化，d 不变。

三　收入分配影响国民福利的实证分析

（一）收入分配影响居民福利的模型参数估计

首先利用式（7-3）估计居民收入效用函数的参数，其次利用式（7-4）估计居民消费函数，分别考虑参数不变和参数 a（随时间）变化的情形。

由于效用函数参数不变，根据式（7-3），可设定面板回归混合模型[①]：

$$LNSAVE_{it} = a_0 + a_1 LNCONS_{it} + \varepsilon_{it}$$

根据式（7-4），设定面板回归混合模型：

$$LNCONS_{it} = a_0 + a_1 LNINC_{it} + \varepsilon_{it}$$

根据式（7-4），设定变截距时期固定效应面板回归模型：

$$LNCONS_{it} = a_0 + a_1 LNINC_{it} + \gamma_t + \varepsilon_{it}$$

其中 i 代表省份，t 代表年份，$LNSAVE_{it}$ 表示居民收入中用于储蓄的部分，使用居民人均可支配收入（纯收入）减去居民人均消费性支出得到；$LNCONS_{it}$ 为居民人均消费性支出；$LNINC_{it}$ 为居民人均可支配收入（纯收入）；γ_t 为时期固定效应，ε_{it} 为随机误差项。

使用 1996~2010 的省级面板数据（不含港澳台和西藏）进行估计，名义数据都使用定基价格指数（1996 年为基期）进行调整，居民人均数据使用城镇居民人均数据和农村居民人均数据根据城乡人口比重加权得到；原始数据来源于各省份统计年鉴，使用 Eviews 6.0。其中，变截距时期固定效应面板回归模型的 F 检验结果支持选择变截距模型，Hausman 检验结果支持选择固定效应模型，使用广义最小二乘法（EG-

---

① 后文计算必须用到统一的参数值，因此采用混合模型。

LS）对固定效应模型的异方差与序列相关性进行处理，估计结果如表 7-1 所示。

表 7-1 居民消费函数的估计结果

变量	（1） *LNSAVE*	（2） *LNCONS*	（3） *LNCONS*
常数项	-2.960312 *** (-13.43021)	0.223325 *** (4.724202)	0.134445 ** (2.174530)
LNCONS	1.215535 *** (45.44504)	—	—
LNINC	—	0.941433 *** (169.6067)	0.951890 *** (130.9967)
调整 R^2	0.821347	0.984631	0.986123
F 统计量	2065.252	28766.43	2128.072
P 值	0.0000	0.0000	0.0000
观测值	450	450	450
模型类型	pool data	pool data	fix effect
模型方法	panel least squares	panel least squares	Panel EGLS

注：括号内为 t 检验值，**、*** 分别表示 5%、10% 的显著性水平，列（3）中的时期固定效应 γ_t 此处略去。

可以看到，三个模型的估计结果都较好。列（1）表明 $\delta/\beta = 1.215535$，$(1/\beta) \ln (b) = -2.960312$。列（2）表明 $\ln (a) = 0.223325$（从而 $a = 1.250227$），$d = 0.941433$。列（3）表明 $\ln (a_t) = 0.134445 + \gamma_t$（即 $a_t = 1.143902 e^{\gamma_t}$），$d = 0.951890$。

（二）居民收入分配差距导致的福利损失计量

使用式（7-7）和式（7-8）计算我国居民收入分配差距导致的福利损失及损失率，个体收入效用函数使用式（7-5），收入效用函数分别考虑消费函数不变和变化两种情形。

关于相对风险厌恶系数 δ 的设定经验性研究较少，结果也有一定差异：Layard 等（2008）采用问卷调查对欧美国家的研究表明该值为 1.26 左右；陈学彬等（2005）在对中国居民消费储蓄行为的实证研究中估算 δ 约为 0.77；黄颐琳（2005）从居民的消费行为出发构建计量模型考察中国居民消费行为的变化规律并估算出 $\delta = 0.7$。虽然 Layard 等（2008）的研究方法相对更为科学，但考虑到研究对象不同，我们还是使用国内学者的估计，先设定 $\delta = 0.7$。结合上文的估计，可以求出 $\beta = 0.575878$；$b = 0.181813$；不考虑消费函数变化时，参数 $a = 1.250227$，$d = 0.941433$；考虑消费函数变化时，参数 a_t 如表 7−2 所示，参数 $d = 0.951890$。

表 7−2　居民总收入等指标

年份	居民总收入 Y（亿元）	居民基尼系数 G	国民总人口 N（万人）	a_t
1996	34439.30	0.3688	122389	1.199835
1997	35911.52	0.3690	123626	1.169680
1998	38992.87	0.3765	124761	1.133638
1999	43265.91	0.3894	125786	1.115663
2000	46161.70	0.4073	126743	1.153130
2001	50121.32	0.4197	127627	1.136052
2002	57077.52	0.4501	128453	1.149454
2003	61952.45	0.4615	129227	1.141497
2004	65257.84	0.4627	129988	1.139592
2005	71443.98	0.4663	130756	1.160536
2006	78958.29	0.4681	131448	1.149504
2007	85852.90	0.4691	132129	1.137241
2008	89268.87	0.4718	132802	1.124505
2009	100358.9	0.4713	133450	1.133856
2010	107802.3	0.4613	134091	1.117126

除了个体收入效用函数即式（7−5）的参数，根据式（7−7），还需知道国民总收入（Y）、基尼系数（G）、国民总人口（N）的数据。

三者数据均引自表 2-3，具体如表 7-2 所示。

根据式（7-7）和式（7-8），利用 C++ 语言编写程序，使用 Visual C++6.0 软件计算，结果如表 7-3 所示。

表 7-3　国民福利损失及福利损失率

年份	消费函数不变情形					消费函数变化情形				
	$W(Y,G)$ (10^8)	pW (%)	$W(Y,0)$ (10^8)	TW (10^8)	pTW (%)	$W(Y,G)$ (10^8)	pW (%)	$W(Y,0)$ (10^8)	TW (10^8)	pTW (%)
1996	462.93	—	490.41	27.48	5.60	462.58	—	490.08	27.50	5.61
1997	472.35	2.03	500.43	28.08	5.61	472.31	2.10	500.39	28.08	5.61
1998	486.79	3.06	517.00	30.22	5.84	486.76	3.06	516.96	30.20	5.84
1999	503.86	3.51	537.51	33.64	6.26	503.72	3.48	537.33	33.61	6.26
2000	513.80	1.97	551.63	37.83	6.86	513.81	2.00	551.63	37.83	6.86
2001	527.58	2.68	569.08	41.49	7.29	527.56	2.68	569.04	41.48	7.29
2002	545.79	3.45	595.95	50.17	8.42	545.79	3.46	595.96	50.17	8.42
2003	559.91	2.59	614.38	54.47	8.87	559.90	2.59	614.37	54.47	8.87
2004	571.31	2.04	627.24	55.93	8.92	571.30	2.04	627.23	55.92	8.92
2005	589.63	3.21	648.40	58.77	9.06	589.62	3.21	648.41	58.79	9.07
2006	610.62	3.56	672.06	61.44	9.14	610.62	3.56	672.07	61.45	9.14
2007	629.24	3.05	692.89	63.65	9.19	629.22	3.05	692.88	63.66	9.19
2008	638.63	1.49	704.10	65.47	9.30	638.53	1.48	704.10	65.47	9.30
2009	665.57	4.22	733.69	68.12	9.28	665.53	4.23	733.66	68.13	9.29
2010	686.38	3.13	753.32	66.94	8.89	686.22	3.11	753.16	66.94	8.89
平均	564.29	—	613.87	49.58	8.08	564.23	—	613.81	49.58	8.08

注：pW 表示实际国民福利 $W(Y,G)$ 的增长率。

可以看出，使用不变消费函数和变化消费函数，对结果的影响甚微，我们仅就消费函数不变情形进行分析。

2008 年基尼系数最大（0.4718），相应的收入分配差距导致的福利损失率也最高，为 9.30%；而 1996 年的基尼系数最小（0.3688），相应的收入分配差距导致的福利损失率也最低，为 5.60%；1996~2010 年收入分配差距导致的平均福利损失率为 8.08%。

从收入分配差距导致的绝对福利损失来看，1996 年为 27.48×10^8，而 2010 年已达 66.94×10^8，为 1996 年的 2.44 倍，也即增长了 1.44 倍。

此外还可以看到，1996～2010 年国民福利的增长率为 48.27%，远低于同期居民总收入的增长率 213.02%，主要原因是收入的边际效用递减，居民收入分配差距扩大（基尼系数从 1996 年的 0.3688 上升到 2010 年的 0.4613）也是重要原因。收入分配差距扩大对国民福利增长的具体影响将在下文分析。

（三）收入分配差距变动对国民福利增长影响的量化分析

收入分配差距导致的福利损失是每年静态的数据，由于每年国民总收入和收入分配差距同时发生变化，因此每年福利损失的变化并不能作为收入分配差距变化对国民福利变化影响的计算依据。我们根据式（7-11）和式（7-12），计算历年基尼系数变化对国民福利变化的绝对和相对贡献。使用的数据为表 7-2 中的原始数据及进一步计算的参数值，程序为 C++语言编写，运算软件为 Visual C++6.0，计算结果如表 7-4 所示。

表 7-4　基尼系数变化对国民福利变化的影响

年份	消费函数不变的情形				消费函数变化的情形				
	$A_Y\Delta Y$ (10^8)	$A_G\Delta G$ (10^8)	ΔW (10^8)	$A_G\Delta G/\Delta W$ (%)	$A_a\Delta a$ (10^8)	$A_Y\Delta Y$ (10^8)	$A_G\Delta G$ (10^8)	ΔW (10^8)	$A_G\Delta G/\Delta W$ (%)
1997	6.3291	−0.0300	6.2991	−0.48	0.4340	6.3291	−0.0300	6.7330	−0.45
1998	12.9663	−1.1493	11.8170	−9.73	0.1971	12.9663	−1.1494	12.0140	−9.57
1999	17.0751	−2.0881	14.9869	−13.93	−0.0742	17.0708	−2.0869	14.9097	−14.00
2000	10.8042	−3.1275	7.6767	−40.74	0.3275	10.8013	−3.1247	8.0041	−39.04
2001	14.1279	−2.3384	11.7895	−19.83	0.0142	14.1279	−2.3382	11.8039	−19.81
2002	23.4911	−6.1214	17.3697	−35.24	0.0513	23.4841	−6.1195	17.4159	−35.14
2003	14.9709	−2.6096	12.3613	−21.11	−0.0019	14.9709	−2.6095	12.3595	−21.11
2004	9.5989	−0.2919	9.3069	−3.14	−0.0048	9.5989	−0.2919	9.3022	−3.14
2005	17.4140	−0.8972	16.5168	−5.43	0.0647	17.4140	−0.8971	16.5816	−5.41

续表

年份	消费函数不变的情形				消费函数变化的情形				
	$A_Y \Delta Y$ (10^8)	$A_G \Delta G$ (10^8)	ΔW (10^8)	$A_G \Delta G / \Delta W$ (%)	$A_a \Delta a$ (10^8)	$A_Y \Delta Y$ (10^8)	$A_G \Delta G$ (10^8)	ΔW (10^8)	$A_G \Delta G / \Delta W$ (%)
2006	19.9580	-0.4683	19.4897	-2.40	0.0324	19.9580	-0.4684	19.5220	-2.40
2007	17.1745	-0.2711	16.9034	-1.60	-0.0045	17.1745	-0.2712	16.8989	-1.60
2008	8.0719	-0.7571	7.3148	-10.35	-0.0510	8.0719	-0.7571	7.2638	-10.42
2009	25.5957	0.1435	25.7392	0.56	0.0721	25.5957	0.1435	25.8113	0.56
2010	15.9439	2.9893	18.9331	15.79	-0.0855	15.9439	2.9895	18.8479	15.86
累计	213.5214	-17.0172	196.5043	-8.66	0.9714	213.5073	-17.0109	197.4678	-8.61

从表 7-4 可以看到，消费函数不变的情形下，1996~2010 年国民福利实际增长了 196.5043×10^8，而基尼系数增大导致国民福利减少 17.0172×10^8，占实际国民福利变化的-8.66%；考虑消费函数变化的情形，则基尼系数变化对国民福利变化的相对影响为-8.61%，差别较小。逐年来看，1996~2008 年各年基尼系数都增大，导致国民福利水平的下降，其中 2000 年基尼系数增大对国民福利变化的相对影响达-40.74%；2009~2010 年基尼系数降低，导致国民福利水平上升，尤其是 2010 年基尼系数增大对国民福利变化的相对影响高达 15.79%。可见，我国居民收入分配差距对国民福利增长有较大的影响，在经济增长的同时，如果能够缩小收入分配差距，那么国民福利就会有更快的增长。

（四）相对风险厌恶系数的敏感性分析

上文计算中，我们参考其他学者的估计，令相对风险厌恶系数 δ 的取值为 0.7。下面对 δ 取不同的值进行敏感性分析，δ 取值 0.1~0.9。由于考虑消费函数变化导致的结果变化较小且消费函数变化更符合实际，我们仅对消费函数变化的情形做敏感性分析，结果如表 7-5 所示。

从表 7-5 可以看到，当 $\delta = 0.4$ 时，福利损失率最高为 10.48%；当 $\delta = 0.9$ 时，福利损失率最低为 3.46%，而当 $\delta = 0.1$ 时，福利损失率为

5.00%。可见，当 δ 的取值不同时，收入分配差距导致的福利损失率有所不同，但总体来看都不低，说明收入分配差距导致的福利损失确实是存在并足以引起重视的。再从国民福利变动的分解来看，则 δ 越大，收入分配差距扩大对国民福利增长的负面影响越大，$\delta = 0.9$ 时，相对影响率为 -10.48%。如果考虑 Layard 等（2008）估计的 $\delta = 1.26$，那么收入分配差距扩大对国民福利增长的负面影响就会更大。

表 7-5　收入分配差距导致的国民福利损失及国民福利变动分解的敏感性分析

序号	参数取值			福利损失计算				国民福利变动分解		
	δ	β	b	$W(Y, G)$ (10^8)	$W(Y, 0)$ (10^8)	TW (10^8)	pTW (%)	$A_G\Delta G$ (10^8)	ΔW (10^8)	$A_G\Delta G/$ ΔW (%)
1	0.90	0.740415	0.111709	315.70	327.03	11.32	3.46	-4.1177	39.3012	-10.48
2	0.80	0.658146	0.142513	368.27	392.08	23.81	6.07	-8.4048	87.6259	-9.59
3	0.70	0.575878	0.181813	564.23	613.81	49.58	8.08	-17.0172	196.5043	-8.66
4	0.60	0.493610	0.231949	969.11	1070.96	101.84	9.51	-34.0470	443.540	-7.68
5	0.50	0.411342	0.295910	1778.13	1983.11	204.99	10.34	-66.8925	1008.78	-6.63
6	0.40	0.329073	0.377510	3415.24	3814.92	399.68	10.48	-127.635	2314.91	-5.51
7	0.30	0.246805	0.481611	6799.20	7537.59	738.38	9.80	-231.426	5368.84	-4.31
8	0.20	0.164537	0.614418	13964.30	15192.31	1228.01	8.08	-379.008	12613.2	-3.00
9	0.10	0.082268	0.783848	29543.06	31098.75	1555.69	5.00	-474.518	30110.7	-1.58

小　结

收入分配差距对国民福利的损害已被广泛认同，自改革开放以来，收入分配差距加大，导致经济增长并不能带来国民福利的最大化增长。因此，需要对收入分配差距导致的福利损失以及收入分配差距扩大对国民福利增长的影响进行评估，以促进经济增长和收入平等的协调，实现国民福利最大化增长。

已有文献已基本确认效用主义在衡量国民福利方面的可行性，本章基于效用主义的基本假设，通过构建一个包含收入分配差距（基尼系数）的国民福利函数，严格证明了收入分配差距的负福利效应，并给出计算收入分配差距导致的福利损失以及收入分配差距变化对国民福利增长影响的公式。利用 1996~2010 年数据的计算结果表明，我国收入分配差距导致的福利损失率达 8.08%，2010 年收入分配差距导致的福利损失比 1996 年增长了 1.44 倍；收入分配差距扩大对国民福利增长的相对影响为-8.66%。可见，当前中国居民的收入分配差距已不容忽视，它对国民福利的负面影响已相对较大。

诚然，由于反激励作用以及个人能力差异的存在，我们也不赞同完全均等的收入分配，但如果收入分配本身就存在较多不公平，如果收入分配差距已经对国民福利造成较大的负面的影响，那么完全有必要采取措施缩小收入分配差距。否则，经济增长就会彻底失去它的福利意义，陷入为增长而增长的悖论。

第八章 收入分配的国民劳动收入效应

自20世纪90年代中后期开始,我国国民收入初次分配呈现一个明显的特征,即劳动收入份额持续下降,这一趋势一直持续到2007年,2008年起劳动收入份额才开始回升。当前,劳动收入仍是我国居民收入的主要来源(李扬和殷剑峰,2007),劳动收入份额下降会导致居民收入增长滞后于经济增长,并进一步引起居民消费增长缓慢及居民消费率下降(方福前,2009;李稻葵等,2009),最终会降低国内宏观总需求,影响经济的可持续发展。因此,研究国民劳动收入份额的变化对于提高居民生活水平、优化国民经济结构、实现经济可持续发展具有重大的现实意义。另外,研究国民劳动收入份额演变的"U形"规律对于我们加深对经济发展规律的认识有巨大的理论价值。

一 关于收入分配国民劳动收入效应的研究综述

有关国民劳动收入份额的研究,国外学者开展较早(Kaldor,1961),相关研究成果也较丰富(Kongsamut et al., 2001; Bentolila and Saint-Paul, 2003; Askenazy, 2005; Jayadev, 2007; Kabaca, 2011)。罗长远(2008)从四个方面对国外的相关研究做了较详细的综述。关于我国国民劳动收入份额的研究文献近几年才出现得较多,现有的研究主要集中在三个方面。一是直接研究我国国民总收入中劳动份额下降的原因①，如罗长远和张军（2009a）、白重恩和钱震杰（2009a）、刘树杰和王蕴（2009）、黄先海和徐圣（2009）以及魏下海等（2012）等。这些文献认为产业结构变化、技术进步、人口年龄结构变化、全球化等原因导致我国劳动收入份额下降。二是研究国民总收入中劳动份额的影响（决定）因素，如罗长远和张军（2009b）、白重恩和钱震杰（2010）、邵敏和黄玖立（2010）、方文全（2011）以及罗长远和陈琳（2012）等。这些文献仅研究劳动收入份额的影响因素，包括外资进入、所有制结构、融资约束等。三是探讨国民总收入中劳动份额呈"U形"演变规律的原因，如李稻葵等（2009）、龚刚和杨光（2010）以及李稻葵等（2010）。这些文献主要用二元经济结构转换中的劳动力无限供给来解释劳动收入份额"U形"变化的原因。总体而言，这些研究的结论各有一定的解释力。

已有研究深化了我们对国民劳动收入份额下降及其"U形"变化规律的理解，但进一步的研究仍是必需的，这源于现有研究可能存在的不足。首先，在方法和技术上不完善，比如李稻葵等（2009）对劳动收入份额"U形"演变进行解释的理论模型，笔者就认为它有三处地方有待进一步探讨②，而其他基于多元回归分析的实证研究则难免或多或少存在变量遗漏、共线性、内生性及其他稳健性问题。其次，已有研究在逻辑上无法完全统一，比如研究劳动收入份额决定因素的文献并无法解释或较好地解释劳动收入份额下降的原因，而研究劳动收入份额下降原因的文献则难以解释劳动收入份额的"U形"演变规律，这说明进一步研究是必要的。最后，上述研究大多从某一个或几个角度对劳动收入份额及其变化进行研究，但无法计量这些因素变化对国民劳动收入

---

① 此类研究都以2007年及以前劳动收入份额下降作为研究对象，对于2007年后劳动收入份额的回升则有所忽视。

② 首先，该文的二元经济模型实际上违背了劳动力无限供给（即传统产业劳动力边际产出为0）的二元经济理论基本假设。其次，它假设传统产业和现代产业具有相同的正的边际劳动报酬，这与二元经济的劳动力转移机制相矛盾。最后，该文的模型结论并没有完全严格的数学推导。总体而言，该文的理论模型略显粗糙。

份额变化的贡献率，如关于劳动收入份额"U形"变化规律的研究只是基于二元经济理论模型推导出其大体上的"U形"变化特征，而相应的实证分析并不能对实际劳动收入份额"U形"变化的原因进行完全的分解，从而导致一些重要的解释因素（比如收入分配差距）没有进入研究视野。

当前，经济学者更多地考虑劳动收入份额变化对收入分配差距的影响（Daudey and Garcia-Penalosa，2007；李稻葵等，2009），而收入分配差距是否影响劳动收入份额、收入分配差距如何影响劳动收入份额以及如何度量收入分配差距对劳动收入份额的影响？这些问题就笔者掌握的研究文献而言，尚没有得到很好的诠释。引发我们思考这些问题的灵感首先来自生活的直觉，即"收入越高的家庭或个体，其劳动收入份额往往越低"，这意味着"收入分配差距应该会影响总体的劳动收入份额"；其次来自对宏观数据的观察，即我国基尼系数"倒U形"变化和劳动收入份额"U形"变化的"逆耦合"特征，意味着两者之间可能存在某种内在联系。

虽然，如果仅仅是收入在不同家庭或个体之间的分配，那么收入分配的变化确实不一定会影响宏观的劳动收入份额；但实际上，收入分配变化的背后是财富或资本差距的变化，资本差距的变化既影响收入分配差距，也影响宏观的劳动收入份额，因此收入分配的变化就反映了宏观劳动收入份额的变化。现实中，由于不同程度的市场分割（银温泉和才婉茹，2001；白重恩等，2004；石磊和马士国，2006），资本和劳动力无法完全流动（或流动成本过高）[①]，从而导致不同区域的人均资本存量（资本集约度）差异；对于家庭或个体而言，也存在财富或资本的差异，而我国目前普遍存在的融资约束也导致资本无法在个体之间进行完全自由流动（罗长远和张琳，2012）。资本和劳动力无法自由流动会导致资本和劳动力无法实现最优配置，即对于不同区域或个体而言，生

---

① 通常地方保护主义和融资约束会导致资本无法在区域间自由流动；而我国固有的户籍制度则导致劳动力流动的高成本，从而导致劳动力市场的区域分割。

产要素的边际生产率不同，从而人均资本的差异会导致人均产出的差异（收入分配差距）、资本收入和劳动收入及其份额的差异（即不同收入水平的区域或个体，其收入中资本和劳动收入份额不同），因此收入分配的变化就会对总劳动收入及其份额产生影响。

因此，本章并不打算弥补已有研究的种种不足以建立一个完整的解释框架对劳动收入份额的变化进行研究，而是尝试从一个新的角度——收入分配差距——对我国国民劳动收入份额的演变进行诠释，并且在方法和逻辑上尽量弥补已有研究的不足。我们将说明，收入分配差距是劳动收入份额的一个影响因素，我国收入分配差距的扩大是劳动收入份额下降的原因之一，而收入分配差距的"倒 U 形"变化特征也能部分解释劳动收入份额呈"U 形"变化的特征，而且收入分配差距变化的影响将得到量化。

二 收入分配影响国民劳动收入份额的模型分析

（一）资本劳动替代弹性与边际劳动收入递减：微观分析

假设某经济体 i 的资本存量为 K_i，劳动力数量为 L_i，生产函数为 $Y_i = F(K_i, L_i)$，满足规模报酬不变、完全竞争市场、没有技术变迁的假设，并且生产函数二阶可导。记人均产出 $y_i = Y_i/L_i$，人均资本存量为 $k_i = K_i/L_i$，由于规模报酬不变，则有：

$$Y_i = L_i F(K_i/L_i, 1) = L_i f(k_i)$$

则 $y_i = f(k_i)$ 为人均产出函数。

假设产出的价格水平可以规范化为 1，为了简化分析，假设资本折旧率为 0，则厂商的利润可表示为：

$$F(K_i, L_i) - r_i K_i - \omega_i L_i = [f(k_i) - r_i k_i - \omega_i] L_i$$

其中，r_i 为资本回报率，ω_i 为工资（劳动收入）。

厂商通过选择投入多少资本和劳动力，生产多少产品来极大化自己的利润，即：

$$\max_{K_i,L_i} F(K_i,L_i) - r_i K_i - \omega_i L_i$$

由于市场为完全竞争，则厂商的极大化利润为 0，从而人均产出 y_i 也为人均收入。因此，可得到最优条件：

$$f'(k_i) = r_i, \omega_i = f(k_i) - k_i f'(k_i)$$

由于 C-D（科布-道格拉斯）生产函数的资本劳动替代弹性为 1，根据 C-D 生产函数计算的劳动收入份额为一个常数，因此 C-D 生产函数并不适合用来解释劳动收入份额变化。我们考虑常替代弹性型（CES）生产函数：

$$Y_i = F(K_i, L_i) = A[\alpha K_i^{(\sigma-1)/\sigma} + (1-\alpha) L_i^{(\sigma-1)/\sigma}]^{\sigma/(\sigma-1)}$$

其中，$A>0$，$0<\alpha<1$ 为常数，$\sigma = \dfrac{d(K_i/L_i)/(K_i/L_i)}{d(\omega_i/r_i)/(\omega_i/r_i)}>0$ 为资本劳动替代弹性。当 $\sigma=1$ 时，CES 生产函数即 C-D 生产函数。

容易计算，人均产出（收入）为：

$$y_i = f(k_i) = A[\alpha k_i^{(\sigma-1)/\sigma} + (1-\alpha)]^{\sigma/(\sigma-1)}$$

人均劳动收入为：

$$\omega_i = f(k_i) - k_i f'(k_i) = (1-\alpha)A[\alpha k_i^{(\sigma-1)/\sigma} + (1-\alpha)]^{1/(\sigma-1)} \tag{8-1}$$

劳动收入份额为：

$$e_i = \omega_i/y_i = (1-\alpha)[\alpha k_i^{(\sigma-1)/\sigma} + (1-\alpha)]^{-1} \tag{8-2}$$

可见，人均劳动收入和劳动收入份额都受人均资本存量（资本集约度）的影响。

进一步，可以得到：

$$\omega_i = (1-\alpha)A^{1-1/\sigma} y_i^{1/\sigma} \tag{8-3}$$

记 $(1-\alpha)\ A^{1-1/\sigma}=b>0$，则：

$$\omega_i = by_i^{1/\sigma} \tag{8-4}$$

记 $g(y_i)=by_i^{1/\sigma}$，称为个体的劳动收入函数，若 $g''(y_i)<0$，则称"边际劳动收入递减"。

因为 $g'(y_i)=(1/\sigma)\ by_i^{1/\sigma-1}>0$，所以：

$$g''(y_i)=(1/\sigma)(1/\sigma-1)by_i^{1/\sigma-2} \tag{8-5}$$

同理，由式（8-4）知：

$$e_i=\omega_i/y_i=by_i^{1/\sigma-1} \tag{8-6}$$

$$\partial e_i/\partial y_i=(1/\sigma-1)by_i^{1/\sigma-2} \tag{8-7}$$

根据式（8-5）容易得到以下命题。

命题 8-1　当资本劳动的替代弹性 $\sigma>1$，即资本和劳动为替代关系时，边际劳动收入递减，即 $g''(y_i)<0$。

根据式（8-7），可得到以下命题。

命题 8-2　当资本劳动的替代弹性 $\sigma>1$ 时，即资本和劳动为替代关系时，个体的劳动收入份额是其收入的减函数，即 $\partial e_i/\partial y_i<0$。

国外的研究表明资本和劳动呈替代关系（Bentolila and Saint-Paul，2003），而关于我国资本劳动替代弹性的估计，目前尚存在争议。邵敏和黄玖立（2010）等认为我国工业行业资本劳动替代弹性小于1，白重恩等（2008）则认为接近1；罗长远和张军（2009a）认为小于1但已接近1；李稻葵等（2009）则认为大于1。这些研究结论的不同源于他们所采用的估计方法和数据源不同，本章将利用式（8-4）对资本劳动替代弹性进行估计。

（二）收入分配对国民劳动收入及其份额的影响：宏观分析

根据第一章，基于经典帕累托收入分布得到以基尼系数为参数的洛伦兹曲线函数：

$$L(p) = 1 - (1-p)^{\frac{1-G}{1+G}} \tag{8-8}$$

设 Y 为国民总收入，$Y_L = eY$ 为国民劳动收入，e 为国民劳动收入份额。设 N 为总人口，则在所有人口中，收入排在第 i 位的人口的收入为：$y_i = Y\left[L\left(\frac{i}{N}\right) - L\left(\frac{i-1}{N}\right) \right]$。

由于人口 i 的劳动收入函数为 $\omega_i = g(y_i)$，易知它满足 $0 \leqslant g(y_i) \leqslant y_i$，$g(0) = 0$，$g'(y_i) > 0$。则国民劳动收入为：

$$Y_L = \sum_{i=1}^{N} \omega_i = \sum_{i=1}^{N} g(y_i) = \sum_{i=1}^{N} g\left(Y\left[L\left(\frac{i}{N}\right) - L\left(\frac{i-1}{N}\right) \right] \right)$$

将式（8-8）代入上式，可得到：

$$Y_L = \sum_{i=1}^{N} g\left(Y\left[\left(1 - \frac{i-1}{N}\right)^{\frac{1-G}{1+G}} - \left(1 - \frac{i}{N}\right)^{\frac{1-G}{1+G}} \right] \right) \tag{8-9}$$

$$e = \frac{1}{Y} \sum_{i=1}^{N} g\left(Y\left[\left(1 - \frac{i-1}{N}\right)^{\frac{1-G}{1+G}} - \left(1 - \frac{i}{N}\right)^{\frac{1-G}{1+G}} \right] \right) \tag{8-10}$$

根据命题 1-1，可以得到以下命题。

命题 8-3　当 $g''(y) < 0$，即个体的边际劳动收入递减时，国民劳动收入及其份额都是基尼系数的减函数，即 $\partial Y_L / \partial G < 0$，$\partial e / \partial G < 0$，从而基尼系数增大会降低国民劳动收入及其份额；反之亦然。

证明：根据命题 1-1 的证明，容易有：

$$\frac{\partial Y_L}{\partial G} < 0, \text{而 } \partial e / \partial G = \frac{1}{Y} \frac{\partial Y_L}{\partial G} < 0$$

证毕。

命题 8-4 当 $g''(y) < 0$，即个体的边际劳动收入递减时，国民劳动收入份额是国民总收入的减函数，即 $\partial e / \partial Y < 0$。[①]

证明：根据式（8-10），有：

$$\frac{\partial e}{\partial Y} = \frac{1}{Y} \sum_{i=1}^{N} g'(y_i) \left[\left(1 - \frac{i-1}{N} \right)^{\frac{1-G}{1+G}} - \left(1 - \frac{i}{N} \right)^{\frac{1-G}{1+G}} \right]$$

$$- \frac{1}{Y^2} \sum_{i=1}^{N} g \left(Y \left[\left(1 - \frac{i-1}{N} \right)^{\frac{1-G}{1+G}} - \left(1 - \frac{i}{N} \right)^{\frac{1-G}{1+G}} \right] \right)$$

$$= \frac{1}{Y^2} \left\{ \sum_{i=1}^{N} \left[g'(y_i) y_i - g(y_i) \right] \right\}$$

因为 $g''(y) < 0$，所以对于任意 $y_0 \in (0, y)$ 都有：

$$g'(y_0) > g'(y)$$

而根据拉格朗日平均值定理，存在一个 $y_0 \in (0, y)$，使得：

$$\frac{g(y) - g(0)}{y - 0} = g'(y_0)$$

又 $g(0) = 0$，从而 $\dfrac{g(y)}{y} = g'(y_0)$，因此 $g'(y) < \dfrac{g(y)}{y}$，即：

$$y g'(y) - g(y) < 0$$

从而：

$$\partial e / \partial Y < 0$$

证毕。

（三）收入分配变化对国民劳动收入（份额）变化影响的计量方法

根据式（8-9），影响国民劳动收入的因素有国民总收入 Y、基尼系

[①] 值得强调的是，边际劳动收入递减的条件是资本劳动替代弹性大于 1。在经济发展的过程中该弹性系数可能会发生变化，否则根据本命题劳动收入份额可能会一直递减于 0，这明显不符合现实。

数 G 及微观的劳动收入函数 $\omega = g\ (y)$。由于实际上影响劳动收入函数的因素除了收入 y 以外，还有其他因素，这些因素也可能是变化的，因此我们假定 z 为影响劳动收入函数的其他因素，即 $\omega = g\ (y,\ z)$。

对式（8-9）两边做差分，有：

$$\Delta Y_L = \sum_{i=1}^{N} g'_z(y_i,z)\Delta z + \frac{1}{Y}\sum_{i=1}^{N}\left[g'_y(y_i,z)y_i\right]\Delta Y$$

$$-\frac{2Y}{(1+G)^2}\sum_{i=1}^{N}\left\{g'_y(y_i,z)\left[\begin{array}{l}\left(1-\dfrac{i-1}{N}\right)^{\frac{1-G}{1+G}}\ln\left(1-\dfrac{i-1}{N}\right)\\[2mm]-\left(1-\dfrac{i}{N}\right)^{\frac{1-G}{1+G}}\ln\left(1-\dfrac{i}{N}\right)\end{array}\right]\right\}\Delta G \tag{8-11}$$

其中，$y_i = Y\left[\left(1-\dfrac{i-1}{N}\right)^{\frac{1-G}{1+G}} - \left(1-\dfrac{i}{N}\right)^{\frac{1-G}{1+G}}\right]$；右边第一项表示其他因素变化（也可视为微观劳动收入函数的变化）对国民劳动收入变化的影响（记为 $A_g\Delta g$），第二项表示国民总收入变化对国民劳动收入变化的影响（记为 $A_Y\Delta Y$），第三项表示基尼系数变化对国民劳动收入变化的影响（记为 $A_G\Delta G$）。各项与 ΔY_L 的比值即相应因素变化对国民劳动收入变化的贡献率。

对式（8-10）两边做差分，有：

$$\Delta e = \frac{1}{Y}\sum_{i=1}^{N} g'_z(y_i,z)\Delta z + \frac{1}{Y^2}\left[\sum_{i=1}^{N} g'_y(y_i,z)y_i - \sum_{i=1}^{N} g(y_i,z)\right]\Delta Y$$

$$-\frac{2}{(1+G)^2}\sum_{i=1}^{N}\left\{g'_y(y_i,z)\left[\begin{array}{l}\left(1-\dfrac{i-1}{N}\right)^{\frac{1-G}{1+G}}\ln\left(1-\dfrac{i-1}{N}\right)\\[2mm]-\left(1-\dfrac{i}{N}\right)^{\frac{1-G}{1+G}}\ln\left(1-\dfrac{i}{N}\right)\end{array}\right]\right\}\Delta G$$

$$\tag{8-12}$$

其中，第一项表示其他因素变化对国民劳动收入份额变化的影响（记为 $B_g\Delta g$），第二项表示国民总收入变化对国民劳动收入份额变化的影响（记为 $B_Y\Delta Y$），第三项表示基尼系数变化对国民劳动收入份额变化的影响（记为 $B_G\Delta G$）。各项与 Δe 的比值即相应因素变化对国民劳动收入份额变化的贡献率。

三　收入分配影响国民劳动收入份额的实证分析

（一）资本劳动替代弹性估计

根据式（8-4），劳动收入函数为 $\omega = by^{1/\sigma}$，利用此函数可对资本劳动替代弹性 σ 及参数 b 进行估计。我们考虑 σ 不变，而 b 随时间变化的情形[①]，即 $\omega_t = b_t y_t^{1/\sigma}$，两边取对数，则有：$\ln(\omega_t) = \ln(b_t) + (1/\sigma) \ln(y_t)$。因此，可设定面板回归模型：

$$LNPERINCL_{it} = a_0 + \beta_t + a_1 LNPERGDP_{it} + \varepsilon_{it}$$

其中 i 代表省份，t 代表年份，$LNPERINCL_{it}$ 表示人均劳动者报酬对数值，$LNPERGDP_{it}$ 为人均 GDP 对数值[②]，β_t 为时期固定效应，ε_{it} 为随机误差项。$a_0 + \beta_t$ 为 $\ln(b_t)$ 的估计值，a_1 为 $1/\sigma$ 的估计值；容易得到：$b_t = e^{a_0 + \beta_t}$，$\sigma = 1/a_1$。

使用 1996～2010 年的省级面板数据[③]进行估计，所有名义数据都使用定基价格指数（1996 年为基期）进行调整，数据来源于《中国统计年鉴》，使用 Eviews 6.0。F 检验结果支持变截距模型，Hausman 检验结果支持固定效应模型，使用广义最小二乘法（EGLS）对固定效应模型的异方差与序列相关性进行处理，估计结果如表 8-1 所示。

[①] 此处为了估计整段时期内 σ 的值，判断它是否大于 1，因此采用固定系数模型；而设定截距变化（变截距的时期固定效应模型）是为了后面分析劳动收入函数参数变化对劳动收入份额的影响程度。如果采用变截距的个体固定效应模型，或者使用混合模型都可得出 $\sigma > 1$ 的结果。

[②] 为了分析劳动者报酬与国民总收入的关系，这里的收入指标使用收入法 GDP 的人均数据，后文的国民总收入也使用收入法 GDP，由于口径统一，因此上文理论命题对这些数据都适用。也即，理论模型中的国民总收入 Y 都统一设定为收入法的 GDP，后面不再说明。

[③] 不包括港澳台和西藏，一共 30 个省区市；劳动者报酬 2004 年和 2008 年个别省份数据缺乏，采用插值法得到。

表 8-1　劳动收入函数的估计结果

变量	系数	参数	1996 年	1997 年	1998 年	1999 年	2000 年
常数项	0.828332 *** (9.3639)	β_t	0.006057	0.009243	0.027402	0.027786	0.016322
LNPERGDP	0.832925 *** (87.1857)	参数	2001 年	2002 年	2003 年	2004 年	2005 年
调整 R^2	0.9691	β_t	0.032815	0.035404	0.027484	-0.04292	-0.10044
F 统计量 （P 值）	938.6485 *** (0.0000)	参数	2006 年	2007 年	2008 年	2009 年	2010 年
观测值	449	β_t	-0.10425	-0.11943	0.014841	0.089435	0.080452

注：括号中为 t 检验值，*** 表示 1% 的显著性水平。

可以看出，F 统计量在 1% 的水平上显著，常数项及变量系数的 t 检验结果在 1% 的水平上显著，调整 R^2 为 0.9691，回归效果非常好。容易计算得 $\sigma = 1/a_1 = 1.200588$。可以看出，资本劳动常替代弹性系数 $\sigma > 1$，从而根据命题 8-1，我国居民的边际劳动收入递减，进而根据命题 8-3，基尼系数增大会导致宏观的国民劳动收入及其份额下降（反之亦然），根据命题 8-4，国民总收入增加也会导致国民劳动收入份额下降[1]。

（二）收入分配对劳动收入份额影响的计量分析：回归方法

为了检验上述的结论，根据命题 8-3 和命题 8-4，我们直接利用基尼系数、人均 GDP 和劳动收入份额的省级面板数据（1996～2009 年）进行检验，设定回归模型为：[2]

$$E_{it} = b_0 + b_1 GINI_{it} + b_2 PERGDP_{it} + u_i + \varepsilon_{it}$$

---

[1]　现实中，国民劳动收入份额并没有随 GDP 的持续增加而持续下降，因为劳动收入份额变化还受其他因素影响。

[2]　由于回归分析非本章研究重点，我们并没有引入太多控制变量，实际上人均 GDP 变量已经可以较好地控制；结果也显示调整 R^2 较大。

E_{it} 为劳动者报酬的比重即劳动收入份额，$GINI_{it}$ 为基尼系数，$PERGDP_{it}$ 为人均 GDP（收入法）[①]，u_i 为截面固定效应，ε_{it} 为随机误差项。基尼系数使用各省份居民收入分组数据进行计算，劳动者报酬占GDP 的比重和人均 GDP 则根据统计数据计算得到，数据来源及调整方法同上文。F 检验结果支持变截距模型，Hausman 检验结果支持固定效应模型，使用广义最小二乘法（EGLS）对固定效应模型的异方差与序列相关性进行处理，估计结果如表 8-2 所示。

表 8-2　收入分配对劳动收入份额影响的回归结果

变量	截面数据	固定效应	随机效应
常数项	0.6465 *** (30.7378)	0.7294 *** (37.5003)	0.6991 *** (31.0603)
GINI	-0.2129 *** (-4.1019)	-0.5114 *** (-9.1367)	-0.3950 ** (-6.5801)
PERGDP	-5.40E-06 *** (-16.277)	-3.05E-06 *** (-8.8104)	-4.13E-06 *** (-10.4206)
调整 R^2	0.4060	0.6735	0.3483
F 统计量	134.6018	27.024	105.48
P 值	0.0000	0.0000	0.0000
观测值	392	392	392
Method	LS	EGLS	EGLS

注：括号中为 t 检验值，*** 表示 1% 的显著性水平。

可以看出，基尼系数的回归系数为负，表示基尼系数增大会降低劳动收入份额；人均 GDP 的系数为负，表示国民总收入增加会降低劳动收入份额，即命题 8-3 和命题 8-4 成立，从而上文的研究结果是可靠的。

[①] 根据理论推导，这里的收入应为国民总收入，但由于我们采用的是省级面板数据，人口数量对总收入影响非常大，因此这里采用了人均 GDP，从而消除人口差异的影响。

（三）收入分配变化对劳动收入份额变化影响的量化分析

既然基尼系数和国民总收入都会影响劳动者报酬占 GDP 的比重，那么对于我国而言其具体影响如何呢？首先，明确量化分析所需的参数与变量数据。微观劳动收入函数使用上文估计的劳动收入函数，各个变量或参数的值如表 8-3 所示。

表 8-3　劳动者报酬及其他变量

年份	GDP（亿元）	劳动者报酬（亿元）	劳动收入份额	居民基尼系数	参数 b	总人口（万人）
1996	71177.0	36622.2	0.5145	0.3688	2.3034	122389
1997	76822.0	39521.6	0.5145	0.3690	2.3108	123626
1998	82765.2	43135.9	0.5212	0.3765	2.3531	124761
1999	89186.6	45675.3	0.5121	0.3894	2.3540	125786
2000	98279.3	49477.0	0.5034	0.4073	2.3272	126743
2001	107865.8	54038.3	0.5010	0.4197	2.3659	127627
2002	119324.1	59595.3	0.4994	0.4501	2.3720	128453
2003	133087.2	65905.9	0.4952	0.4615	2.3533	129227
2004	150777.6	70968.3	0.4664	0.4627	2.1933	129988
2005	170335.6	75833.5	0.4452	0.4663	2.0707	130756
2006	197432.7	85633.2	0.4337	0.4681	2.0628	131448
2007	240043.7	95392.5	0.3974	0.4691	2.0318	132129
2008	262678.4	123778.9	0.4321	0.4718	2.3237	132802
2009	302538.8	141039.6	0.4662	0.4713	2.5037	133450
2010	350388.6	157711.1	0.4501	0.4613	2.4813	134091

其中，参数 b 结合表 8-1 中数据求得，GDP 为国民总收入，使用收入法统计口径；劳动者报酬来自《中国统计年鉴》；基尼系数和总人口数据同表 2-3。

其次，根据式（8-11）和式（8-12），使用 C++ 语言编写程序并使用 Visual C++ 6.0 编译软件进行计算，得到各因素变化对国民劳动收

入及其份额变化的绝对贡献和相对贡献（见表 8-4 和表 8-5），主要的
计算误差见表 8-6。

表 8-4　各因素变化对国民劳动收入变化的影响

单位：亿元，%

年份	$A_g\Delta g$	$A_Y\Delta Y$	$A_G\Delta G$	ΔY_L	$A_g\Delta g/\Delta Y_L$	$A_Y\Delta Y/\Delta Y_L$	$A_G\Delta G/\Delta Y_L$
1997	106.2	2423.2	-2.8	2526.6	4.20	95.91	-0.11
1998	731.3	2530.2	-111.5	3150.0	23.22	80.32	-3.54
1999	16.3	2747.8	2549.5	2549.5	0.64	107.78	-8.42
2000	-514.5	3832.8	-334.6	2983.7	-17.24	128.46	-11.21
2001	800.4	3910.4	-267.2	4443.6	18.01	88.00	-6.01
2002	136.6	4661.6	-756.7	4041.5	3.38	115.34	-18.72
2003	-448.0	5455.6	-348.7	4658.9	-9.62	117.10	-7.48
2004	-4176.8	6802.5	-41.7	2584.0	-161.64	263.26	-1.61
2005	-3553.3	6867.6	-130.1	3184.2	-111.59	215.68	-4.09
2006	-252.0	8795.2	-69.0	3474.2	-2.97	103.79	-0.81
2007	-1126.9	13442.8	-43.5	12272.4	-9.18	109.54	-0.35
2008	12459.8	16809.8	-136.8	29132.8	42.77	57.70	-0.47
2009	8274.6	13504.2	31.6	21810.4	37.94	61.92	0.14
2010	-1159.3	17077.0	764.8	16682.5	-6.95	102.36	4.58
1996~2008	4179.1	78279.5	-2457.2	80001.4	5.22	97.85	-3.07
2008~2010	7115.3	30581.2	796.4	38492.9	18.48	79.45	2.07
1996~2010	11294.5	108860.7	-1660.8	118494.3	9.53	91.87	-1.40

表 8-5　各因素变化对国民劳动收入份额变化的影响

年份	$B_g\Delta g$	$B_Y\Delta Y$	$B_G\Delta G$	Δe	$B_g\Delta g/\Delta e$（%）	$B_Y\Delta Y/\Delta e$（%）	$B_G\Delta G/\Delta e$（%）
1997	0.00090	-0.00410	-0.00002	-0.00323	-27.76	127.04	0.72

年份	$B_g\Delta g$	$B_Y\Delta Y$	$B_G\Delta G$	Δe	$B_g\Delta g/\Delta e$（%）	$B_Y\Delta Y/\Delta e$（%）	$B_G\Delta G/\Delta e$（%）
1998	0.00571	-0.00396	-0.00087	0.00088	650.97	-451.76	-99.20
1999	0.00012	-0.00400	-0.00156	-0.00543	-2.18	73.54	28.63
2000	-0.00346	-0.00517	-0.00225	-0.01088	31.80	47.52	20.68
2001	0.00489	-0.00479	-0.00163	-0.00153	-318.65	312.27	106.38
2002	0.00076	-0.00520	-0.00421	-0.00865	-8.78	60.13	48.66
2003	-0.00225	-0.00550	-0.00175	-0.00951	23.69	57.87	18.44
2004	-0.01883	-0.00615	-0.00019	-0.02517	74.81	24.44	0.75
2005	-0.01414	-0.00548	-0.00052	-0.02014	70.21	27.22	2.57
2006	-0.00089	-0.00621	-0.00024	-0.00735	12.09	84.61	3.31
2007	-0.00342	-0.00819	-0.00013	-0.01175	29.14	69.73	1.13
2008	0.03114	-0.00341	-0.00034	0.02739	113.72	-12.47	-1.25
2009	0.05670	-0.01856	0.00022	0.03836	147.83	-48.39	0.56
2010	-0.00690	-0.02038	0.00455	-0.02273	30.35	89.67	-20.02
1996~2008	0.00052	-0.06218	-0.01372	-0.07538	-0.69	82.49	18.20
2008~2010	0.04980	-0.03894	0.00477	0.01563	318.67	-249.17	30.50
1996~2010	0.05032	-0.10112	-0.00895	-0.05975	-84.23	169.25	14.98

表 8-6 计算值和统计值的绝对误差和相对误差

年份	劳动者报酬变化				劳动收入份额变化		
	统计值（亿元）	计算值（亿元）	绝对误差（亿元）	相对误差（%）	统计值	计算值	绝对误差（个百分点）
1996~2008	87156.7	80001.4	-7155.3	-8.21	-0.0824	-0.07538	0.702
2008~2010	33932.2	38492.9	4560.7	13.44	0.0180	0.01563	-0.237
1996~2010	121088.9	118494.3	-2594.6	-2.14	-0.0644	-0.05975	0.465

根据表 8-6，各时期国民劳动收入及其份额计算值与统计值的差距不大，模型有一定的准确性；产生误差的原因主要来自劳动收入函数的估计误差[1]，其次基尼系数的计算也可能存在一定的误差。

---

[1] 由于数据限制，本章使用了基于省级面板数据的时期固定效应模型来估计截距的变化，因此存在一定误差；最可行的办法是使用历年的微观数据分年进行估计。

从表 8-4 和表 8-5 可以看出，基尼系数变化对国民劳动收入及其份额变化的影响是负面的，即基尼系数增大（降低）会引起国民劳动收入及其份额下降（增加），这与我们的理论命题是一致的。1996～2010 年，我国居民基尼系数从 0.3688 增大到 0.4613，导致国民劳动收入下降 1660.7 亿元（1996 年不变价，下同），导致国民劳动收入份额下降 0.895 个百分点，基尼系数变化对国民劳动收入及其份额变化的贡献率分别为-1.53% 和 14.98%。

分时期来看，1996～2008 年是我国基尼系数上升的区间，基尼系数从 0.3688 逐渐增大到 0.4718，在此期间基尼系数变化导致国民劳动收入降低 2457.1 亿元，导致国民劳动收入份额下降 1.372 个百分点，它对国民劳动收入份额变化的贡献率分别为-3.51% 和 18.20%；2008～2010 年是基尼系数下降的区间，基尼系数从 0.4718 下降到 0.4613，在此期间基尼系数变化导致国民劳动收入增加 796.3 亿元，导致国民劳动收入份额增加 0.477 个百分点，其贡献率分别为 2.07% 和 30.50%。

小　结

本章将理论和实证相结合，从收入分配差距的角度对我国国民劳动收入（份额）进行了研究，主要工作包括三个方面。首先，通过一个新古典生产模型和 CES 生产函数，推导出个体边际劳动收入递减的条件——资本劳动替代弹性大于 1（即资本和劳动呈替代关系），并基于 1996～2010 年的省级面板数据对现阶段我国的资本劳动替代弹性进行估计，结果表明弹性大于 1，这意味着我国居民的边际劳动收入递减。其次，利用基于经典帕累托收入分布的洛伦兹曲线函数，构建了一个包含基尼系数的国民劳动收入函数，并严格证明边际劳动收入递减是"基尼系数增大会降低国民劳动收入及其份额"的条件，从而表明，我国居民收入分配差距与国民劳动收入（份额）是负相关的关系。再次，利用国民劳动收入函数，建立了一个计算基尼系数变化对国民劳动收入及其份额变化影响的计量方法，并使用该方法对我国国民劳动收入及其份额变化进行分解。结果表明：1996～2010 年我国 GDP 中劳动份额的下降有 15% 是由于收入分配差距扩大而导致的，其中 1996～2008 年基尼系数增大导致劳动收入份额下降 1.372 个百分点，2008～2010 年基尼系数下降导致劳动收入份额增加 0.477 个百分点，即基尼系数的"倒 U 形"变化特征可以部分解释 GDP 中劳动份额演变的"U 形"特征。

　　从实证结果来看，本章研究的现实意义也是明显的，这就是：在现阶段，通过完善资本市场和改革户籍制度，破除地方保护主义和城乡制度区隔，提高全国范围的市场化水平，促进生产要素的自由流动，在此基础上进一步缩小财富差距，有助于提高国民劳动收入及其份额。事实上，随着经济市场化水平的逐步提高以及制度体制的日渐完善，结合经济发展中基尼系数"倒 U 形"演变的"库兹涅兹事实"，我国国民劳动收入份额有可能真正进入上升的通道。

第九章　资源错配对国民劳动收入份额的影响

一　引言：资源错配何以影响国民劳动收入份额

由于户籍制度、土地产权制度、地方保护主义、法治环境以及利率管制等制度体制的原因，中国地区间仍然存在不同程度的要素市场分割（银温泉和才婉茹，2001；白重恩等，2004；石磊和马士国，2006），这使得要素在地区间的流动需要较高的成本，导致资本和劳动力无法进行优化配置，造成人均资本存量的较大差异。由于人均资本存量不同，人们的边际生产率不同，进而资本收入份额和劳动收入份额不同，因此资源错配就对劳动收入份额产生了影响。

在已有研究中，少有从资源错配的角度来考察劳动收入份额的变动。由于西方发达国家的要素市场化程度比较高，资本和劳动力等要素流动成本低，它们往往能够实现较优配置。因此，国外文献就较少从资源错配的角度（也即要素市场非完全竞争的假设）研究劳动收入份额。

国外学者没有从资源错配角度研究劳动收入份额，是由于研究前提不存在（或者说并不重要），而国内研究没有从这个角度进行，除了没有发现其中的理论机制之外，可能还因为这种影响本身是难以观察到的。本章尝试从资源错配的视角分析中国劳动收入份额较低的原因。

二 资源错配影响国民劳动收入份额的模型分析

参照上一章第二节，在新古典生产模型和 CES 生产函数的情形下，根据式（8-2）容易得到以下命题。

命题 9-1 当资本劳动替代弹性 $\sigma > 1$，即资本和劳动为替代关系时，$\partial e_i / \partial k_i < 0$。

证明：$\dfrac{\partial e_i}{\partial k_i} = -\alpha\ (1-\alpha)\ [\alpha k_i^{(\sigma-1)/\sigma} + (1-\alpha)]^{-2} k_i^{-1/\sigma} < 0$。

证毕。

即在完全竞争市场中，资本积累会降低个体的劳动收入份额。下面我们再考察不完全竞争市场，即存在要素市场分割的情形。

根据新古典经济学理论，在完全竞争市场，资源会实现最优配置。如果全要素生产率相同，则不同区域的要素报酬会趋于相等。由于要素报酬取决于要素的边际产出，这意味着在资源实现最优配置时，不同区域的资本集约度应该趋于相同。因此，如果不同区域的资本集约度存在差异，则可认为存在"资源错配"。借鉴衡量收入分配差距的最常用指标，本章使用"人均资本基尼系数"（G_k）来衡量资源错配，称为"资源错配系数"，其取值范围为 [0, 1]，$G_k = 0$ 表示不存在资源错配，$G_k = 1$ 表示资源错配最严重。

设 N 个区域的全要素生产率和劳动力数量相同。$k = \left(\sum_{i=1}^{N} k_i\right) / N$ 为全局的人均资本（存量），k_i（$i = 1, 2, \cdots, N$）为区域 i 的人均资本，假定 $k_1 < k_2 < \cdots < k_N$。

设 N 个区域的人均资本存量服从经典帕累托分布①，则人均资本分布的洛伦兹曲线为（Sarabia，2008；王宋涛等，2011）：$L(p)=1-(1-p)^{\frac{1-G_k}{1+G_k}}$。根据洛伦兹曲线的定义，区域 i 的人均资本为：

$$k_i = kN\left[L\left(\frac{i}{N}\right)-L\left(\frac{i-1}{N}\right)\right] = kN\left[\left(1-\frac{i-1}{N}\right)^{\frac{1-G_k}{1+G_k}}-\left(1-\frac{i}{N}\right)^{\frac{1-G_k}{1+G_k}}\right] \tag{9-1}$$

记区域 i 的人均收入为 y_i，各个区域的人均收入服从经典帕累托分布，收入基尼系数为 G_y，所有区域的人均收入为 y，则：

$$y_i = yN\left[\left(1-\frac{i-1}{N}\right)^{\frac{1-G_y}{1+G_y}}-\left(1-\frac{i}{N}\right)^{\frac{1-G_y}{1+G_y}}\right]$$

$$y_i = f(k_i) = f\left(kN\left[\left(1-\frac{i-1}{N}\right)^{\frac{1-G_k}{1+G_k}}-\left(1-\frac{i}{N}\right)^{\frac{1-G_k}{1+G_k}}\right]\right)$$

$$y = \frac{1}{N}\left[\sum_{i=1}^{N}f(k_i)\right] = \frac{1}{N}\left[\sum_{i=1}^{N}f\left(kN\left[\left(1-\frac{i-1}{N}\right)^{\frac{1-G_k}{1+G_k}}-\left(1-\frac{i}{N}\right)^{\frac{1-G_k}{1+G_k}}\right]\right)\right]$$

由此，可以得到以下引理。

引理 9-1 $\frac{\partial y}{\partial k}>0$，即人均资本越大，人均收入越大。

证明：$\dfrac{\partial y}{\partial k} = \displaystyle\sum_{i=1}^{N}\left\{\begin{array}{l}f'\left(kN\left[\left(1-\dfrac{i-1}{N}\right)^{\frac{1-G_k}{1+G_k}}-\left(1-\dfrac{i}{N}\right)^{\frac{1-G_k}{1+G_k}}\right]\right)\\ \times\left[\left(1-\dfrac{i-1}{N}\right)^{\frac{1-G_k}{1+G_k}}-\left(1-\dfrac{i}{N}\right)^{\frac{1-G_k}{1+G_k}}\right]\end{array}\right\}>0。$

证毕。

引理 9-2 $\frac{\partial G_y}{\partial G_k}>0$，即资源错配系数越大，区域收入分配差距越大。

① 资本和收入分布最常见的就是经典帕累托分布，其次是对数正态分布，不同分布下结论一致。

证明：$y_1 = yN\left[1 - \left(1 - \dfrac{1}{N}\right)^{\frac{1-G_y}{1+G_y}}\right]$，$y_1 = f\left(kN\left[1 - \left(1 - \dfrac{i}{N}\right)^{\frac{1-G_k}{1+G_k}}\right]\right)$，则：

$$\frac{\partial y_1}{\partial G_y} < 0, \frac{\partial y_1}{\partial G_k} < 0$$

从而：

$$\frac{\partial G_y}{\partial G_k} > 0$$

证毕。

根据式（8-6），可以得到国民劳动收入份额：

$$e = \frac{\sum_{i=1}^{N} b y_i^{1/\sigma}}{yN} = b(yN)^{1/\sigma - 1} \sum_{i=1}^{N}\left\{\left[\left(1 - \frac{i-1}{N}\right)^{\frac{1-G_y}{1+G_y}} - \left(1 - \frac{i}{N}\right)^{\frac{1-G_y}{1+G_y}}\right]\right\}^{1/\sigma}$$

由此，可以得到以下命题。

命题 9-2　当 $\sigma > 1$ 时，$\dfrac{\partial e}{\partial k} < 0$，即资本和劳动呈替代关系时，全社会的资本积累越多，劳动收入份额会越低。

证明：$\dfrac{\partial e}{\partial y} = b(1/\sigma - 1)(yN)^{1/\sigma - 2} \sum_{i=1}^{N}\left\{\left[\left(1 - \dfrac{i-1}{N}\right)^{\frac{1-G_y}{1+G_y}} - \left(1 - \dfrac{i}{N}\right)^{\frac{1-G_y}{1+G_y}}\right]\right\}^{1/\sigma}$。

因为 $\sigma > 1$，所以 $\dfrac{\partial e}{\partial y} < 0$。根据引理 9-1，$\dfrac{\partial y}{\partial k} > 0$，从而：

$$\frac{\partial e}{\partial k} = \frac{\partial e}{\partial y}\frac{\partial y}{\partial k} < 0$$

证毕。

命题 9-2 表明不管是在完全竞争市场还是存在市场分割，资本深化对劳动收入份额的影响都为负。

命题 9-3 当 $\sigma>1$ 时，$\dfrac{\partial e}{\partial G_k}<0$，即当资本与劳动呈替代关系时，资源错配系数越大，国民劳动收入份额越低。

证明：$\dfrac{\partial e}{\partial Gy}=\dfrac{-2b\ (1/\sigma)(yN)^{1/\sigma-1}}{(1+G_y)^2}\sum\limits_{i=1}^{N}\left\{\left[\left(1-\dfrac{i-1}{N}\right)^{\frac{1-G_y}{1+G_y}}-\left(1-\dfrac{i}{N}\right)^{\frac{1-G_y}{1+G_y}}\right]^{1/\sigma-1}\left[\left(1-\dfrac{i-1}{N}\right)^{\frac{1-G_y}{1+G_y}}\ln\left(1-\dfrac{i-1}{N}\right)-\left(1-\dfrac{i}{N}\right)^{\frac{1-G_y}{1+G_y}}\ln\left(1-\dfrac{i}{N}\right)\right]\right\}$

参考王宋涛和吴超林（2013）的研究，有：

$$\frac{\partial e}{\partial G_y}<0$$

又根据引理 9-2，有：

$$\frac{\partial G_y}{\partial G_k}>0$$

从而：

$$\frac{\partial e}{\partial G_k}=\frac{\partial e}{\partial G_y}\frac{\partial G_y}{\partial G_k}<0$$

证毕。

命题 9-3 意味着，当资本劳动替代弹性大于 1 时，资源错配会降低国民劳动收入份额。

上文的命题表明，资源错配对劳动收入份额的影响方向取决于资本劳动替代弹性。关于资本劳动替代弹性的估计，本章拟同上章利用式（8-4）展开。

三　资源错配影响国民劳动收入份额的实证分析

（一）资本劳动替代弹性估计

根据理论模型，劳动收入函数为 $\omega=by^{1/\sigma}$，利用此函数可设定面板回归模型：

$$\ln LS_{it} = a_0 + a_1 \ln GDP_{it} + u_i + \varepsilon_{it}$$

其中 i 代表省份，t 代表年份，$\ln LS$ 表示劳动收入份额对数值，$\ln GDP$ 表示实际 GDP 对数值，u_i 表示个体固定效应，ε_{it} 为随机误差项。分别使用混合截面、固定效应和随机效应对模型进行估计，使用 2001~2010 年 30 个省区市的面板数据[①]进行估计，结果如表 9-1 所示。

表 9-1　劳动收入函数的估计结果

变量	（1） 混合截面	（2） 固定效应	（3） 随机效应
$\ln GDP$	-0.0690*** （-8.17）	-0.250*** （-14.05）	-0.163*** （-10.74）
常数项	-0.248*** （-3.47）	1.256*** （8.57）	0.468*** （3.86）
观测值	300	300	300

注：*** 表示 1% 的显著性水平。

系数 a_1 显著小于 0，混合截面与固定效应模型的 F 统计量及随机效应模型的 Wald 统计量在 1% 的水平上显著，常数项及变量系数的 t 检验结果在 1% 的水平上显著。考虑各省份之前有明显的个体固定效应，使用固定效应模型估计。考虑到面板数据的结构属于 $N>T$ 的短面板，参考 Within-R^2 = 0.5244，拟合已算良好，容易计算得 $\sigma = 1/(a_1+1) = 1.33156$。这意味着资源错配会降低劳动收入份额，我们将通过回归分析对此给予确认。

（二）计量模型设立

本章旨在研究资源错配对劳动收入份额的影响，据前文理论分析，设定计量模型为：

---

① 除港澳台外，四川与重庆合并。另外，LS 表示劳动收入份额，为各省份劳动者报酬占 GDP 的比重；GDP 表示各省份 GDP，使用定基价格指数（2001 年为基期）调整为实际值。数据来源于《中国统计年鉴》和各省区市统计年鉴。

$$LS_{it} = \beta_0 + \beta_1 pK_{it} + \beta_2 GINI_{it} + \beta X_{it} + u_i + \varepsilon_{it}$$

其中，解释变量 $GINI_{it}$ 为资源错配系数，根据前文的定义，使用人均资本基尼系数表征，由于数据可得性，使用各省份人均 GDP 基尼系数作为代理变量[①]，各省份人均 GDP 基尼系数使用各省份各县（市）人均 GDP 计算得到；解释变量 pK_{it} 为人均实际资本存量，参考张军等（2004）的方法，采用永续盘存法，$K_t = (1-\delta) K_{t-1} + I_t/P_t$，其中 K_t 表示当年年末实际资本存量，K_{t-1} 表示上年年末的实际资本存量，I_t 表示当年名义投资，P_t 为当年调整价格指数，δ 表示折旧率，取 5%，然后对 K 做人均调整得到各省份各年份的人均资本存量；X_{it} 为控制变量，参考已有研究（魏下海等，2012；赵秋运和张建武，2013）及考虑数据可得性，具体选取的控制变量包括人均受教育年限（$pEDU$）、直接利用外资与 GDP 的比值（FDI）、地方公共财政支出占 GDP 的比值（GOV）。

使用 2001~2010 年的省级面板数据，四川与重庆合并，一共有 30 个省区市[②]。原始数据来源于 Wind 数据库、《中国统计年鉴》及各省区市统计年鉴。所有名义数据都使用定基价格指数（2001 年为基期）调整为实际值，使用 Stata 软件进行数据分析。表 9-2 是对所有变量的描述性统计[③]，表 9-3 是解释变量之间的相关系数，表 9-4 提供了解释变量的方差膨胀因子和容忍度。由表可以看出，各解释变量容忍度均较高，可忽略共线性影响。

表 9-2 变量描述性统计

变量	样本数	均值	标准差	最小值	最大值
LS	300	0.458	0.070	0.311	0.738
pK	283	1.884	1.725	0.140	10.94

① 省一级的人均 GDP 基本能稳定地反映人均资本存量的相对水平，一般而言，资本存量是 GDP 的一个倍数（张军等，2004）。

② 不包含港澳台；北京、上海和天津各年份及省份西藏部分年份缺少人均 GDP 基尼系数数据。

③ 解释变量资本产出比（K/Y）在后文的基本回归分析中会用到。

续表

变量	样本数	均值	标准差	最小值	最大值
GINI	261	0.298	0.0759	0.150	0.556
pEDU	283	8.575	0.928	6.040	11.09
FDI	300	0.028	0.0263	4.82×10^{-6}	0.146
GOV	300	0.187	0.121	0.0772	0.851
K/Y	283	1.411	0.966	0.227	4.441

表 9-3 解释变量之间的相关系数

变量	*pK*	*GINI*	*pEDU*	*FDI*	*GOV*	*K/Y*
pK	1					
GINI	0.2073	1				
pEDU	0.2247	-0.0597	1			
FDI	0.3650	0.0024	0.2150	1		
GOV	-0.5442	0.3039	-0.4771	-0.4199	1	
K/Y	0.7472	0.0147	-0.0277	0.0592	-0.5038	1

表 9-4 解释变量的 VIF 与 Tolerance

变量	VIF	SORT VIF	Tolerance
pK	3.83	1.96	0.2610
GINI	1.45	1.21	0.6886
pEDU	1.65	1.29	0.6050
FDI	1.57	1.25	0.6355
GOV	2.98	1.73	0.3351
K/Y	3.59	1.90	0.2784

（三）基本回归结果分析

我们用不同方法来估计资源错配对劳动收入份额的影响。首先，采用不加入任何控制变量的计量模型，仅考虑两个关键变量，结果即表 9-5 中的列（1）~列（3），依次采用固定效应、随机效应、混合截面模型估计，三种方法一致得到，资源错配系数的影响系数显著为负。

其次，我们加入一系列的控制变量以验证估计的稳健性，结果即列（4）～列（6）。回归结果表明，这些控制变量对劳动收入份额都有解释作用，而资源错配系数的估计系数都是显著的，且变化不大。最后，为了单独验证资源错配系数的影响，我们还使用常用的解释变量资本产出比（K/Y）代替人均实际资本存量 pK 进行回归，结果见列（7）～列（9），资源错配系数的回归系数仍然是显著的。

表 9-5　基本回归结果

变量	(1)	(2)	(3)	(4)	(5)	(6)	(7)	(8)	(9)
GINI	-0.192** (0.078)	-0.197*** (0.068)	-0.178*** (0.055)	-0.141* (0.064)	-0.142** (0.070)	-0.200*** (0.064)	-0.233*** (0.082)	-0.235*** (0.072)	-0.294*** (0.061)
pK	-0.030*** (0.009)	-0.018*** (0.003)	-0.011*** (0.002)	-0.024*** (0.009)	-0.018*** (0.004)	-0.010*** (0.003)			
pEDU				-0.030** (0.015)	-0.030*** (0.010)	-0.017** (0.007)	-0.051*** (0.015)	-0.041*** (0.010)	-0.014* (0.008)
FDI				-0.866** (0.412)	-0.241 (0.282)	0.004 (0.196)	-0.308 (0.485)	-0.369 (0.291)	-0.068 (0.207)
GOV				-0.629* (0.306)	-0.329** (0.131)	0.005 (0.106)	-0.856*** (0.276)	-0.215* (0.152)	0.215 (0.119)
K/Y							-0.115** (0.054)	-0.015* (0.009)	0.001 (0.006)
常数项	0.574*** (0.027)	0.555*** (0.021)	0.535*** (0.017)	0.914*** (0.123)	0.837*** (0.085)	0.681*** (0.065)	1.256*** (0.129)	0.924*** (0.097)	0.635*** (0.078)
观测值	261	261	261	261	261	261	261	261	261
R^2	0.293		0.203	0.358		0.239	0.270		0.193
R^2_w	0.293	0.287		0.358	0.346		0.270	0.224	

注：括号中为 t 检验值，*、** 和 *** 分别表示 10%、5% 和 1% 的显著性水平；余表同。

我们再分析各控制变量对劳动收入份额的影响，并将之与既有文献的结果进行比较。

（1）$pEDU$（人力资本）的系数都显著为负，这与魏下海等（2012）的研究相反。通常而言，人力资本水平，也即劳动力的知识含量（受教育年限）越高，则劳动力的工资水平会越高，从而劳动收入份额会越大；但考虑到人力资本与行业（产业）的相关性，也即人力资本水平越高的地区，其行业产业的技术水平会越高，从而行业产业有更高的劳动生产率。根据魏下海等（2013a）的研究，如果资本劳动替代弹性大于1，则工资率的增长会降低劳动收入份额，原因是劳动生产率提高得更多。从这个角度来看，人力资本对劳动收入份额的负面影响可以解释。

（2）FDI的估计系数为负，但显著性水平不高，仅在一个固定效应模型中是显著的，表明FDI对劳动收入份额的影响并不确定，已有研究也没有明确的结论。罗长远和张军（2009b）以及邵敏和黄玖立（2010）认为外资对劳动收入有负向影响，而冼国明和杨长志（2009）与Gorg等（2002）的研究则认为有正面影响；魏下海等（2012）的研究则表明其影响是不确定的。总体而言，由于FDI对劳动收入份额的影响机制比较复杂，总体影响结果并不确定。

（3）GOV的估计系数大多显著为负，表明当前中国政府对经济的干预会明显降低劳动收入份额，这个结果与魏下海等（2012）的研究结果是一致的。但已有研究结果并不完全一致，罗长远和张军（2009b）利用省级数据发现政府财政支出有利于提高劳动收入份额，而王永进和盛丹（2010）利用省级数据的研究则表明政府财政支出对劳动收入份额的影响并不显著。我们认为政府干预经济总体上有利于资本，而不利于劳动者。

（四）稳健性检验

在此主要考虑内生性问题和异常样本点对回归结果的影响；同时，我们使用居民收入基尼系数作为资本差距的代理变量代入模型中进行检验。

1. 内生性问题

首先，考虑解释变量及控制变量可能与残差存在同期相关而致使内生性问题。我们将回归方程的右边用解释变量和控制变量的滞后一期替代当期，重新进行估计，主要结果见表9-6中的列（1），由于变量滞后一期与当期存在较强相关性，所以回归结果依然可信：资源错配系数对劳动收入份额具有解释力，且其估计系数为负。

表9-6　稳健性检验结果

变量	（1） Lag	（2） GMM	（3） 异常样本点	（4） 变量替换
GINI	-0.271^{**} （0.108）	-0.152^{***} （0.058）	-0.135^{**} （0.066）	
pK	-0.031^{***} （0.006）	-0.004^{**} （0.002）	-0.021^{***} （0.004）	-0.021^{***} （0.005）
pEDU	-0.036^{**} （0.015）	-0.036^{***} （0.004）	-0.020 （0.013）	-0.032^{**} （0.014）
FDI	-1.454^{***} （0.457）	0.078 （0.163）	-0.461 （0.397）	-0.190 （0.305）
GOV	-0.315 （0.307）	0.312^{***} （0.078）	-0.501^{**} （0.224）	-0.378 （0.260）
GINI2				-0.278^{***} （0.099）
L. LS		0.632^{***} （0.034）		
常数项	0.952^{***} （0.134）	0.439^{***} （0.048）	0.780^{***} （0.102）	0.929^{***} （0.120）
观测值	231	203	255	283
R^2	0.346		0.335	0.312
R^2_w	0.346		0.335	0.312
AR（1）P 值		0.012		
AR（2）P 值		0.181		
Sargan P 值		0.323		

其次，考虑到劳动收入份额可能与自身前期相关而引起内生性问题，在静态模型基础上加入被解释变量 LS 的滞后一期，作为解释变量。模型演变为动态面板模型：

$$LS_{it} = \beta_0 + \rho LS_{it-1} + \beta_1 pK_{it} + \beta_2 GINI_{it} + \beta X_{it} + u_i + \varepsilon_{it}$$

采用两阶段系统 GMM 对模型进行估计，估计结果见表9-6中的列（2）。考虑一阶自相关检验的 AR（1）P 值为 0.012，扰动项无一阶自相关，因此认为系统 GMM 是有效的；Sargan 检验得到的 P 值为 0.323，

因此接受工具变量有效的原假设，认为所使用的工具变量是合理的。由
GMM 估计结果可知，资源错配系数的回归系数依然显著为负。

2. 异常样本点的影响

由于中国经济发展的区域特征鲜明，不同地区要素报酬存在较大差
异。为了检验基本回归结果是否受到异常点的影响，首先计算出所有省
区市劳动收入份额在 5% 和 95% 的分位数，并将全部样本中低于 5% 分
位数及高于 95% 分位数的样本剔除。其次，对剩余样本进行固定效应模
型估计，结果见表 9-6 中的列（3）。从中可知，资源错配系数的回归
系数显著为负，且从数值来看与前述基本回归结果接近。

3. 替换解释变量

前文采用人均 GDP 基尼系数作为资本差距的代理变量，为了进一
步保证稳健性，我们在此使用居民收入基尼系数作为代理变量，分析资
源错配对劳动收入份额的影响。估计结果见表 9-6 中的列（4）。变量
$GINI2$ 代表各省区市的居民收入基尼系数。结果表明，使用收入基尼系
数作为代理变量，资源错配对劳动收入份额的影响依然是显著为负的。

总而言之，实证分析结果表明，资源错配对国民劳动收入份额有显
著的负面影响，并且在控制了人力资本、FDI、财政支出等因素之后，
研究结果仍然是显著的，表现出相当的稳健性。

小　结

本章从资源错配的新视角研究中国劳动收入份额较低的成因，通过
构建理论模型，我们确认在资本与劳动呈替代关系时，资本深化会降低
劳动收入份额，这一结论无论是在完全竞争市场（要素自由流动）还
是不完全竞争市场（要素市场分割）都是成立的；而当资本与劳动呈
替代关系时，由于要素市场分割而导致的资源错配会降低劳动收入份
额。这一发现很好地丰富了已有文献对劳动收入份额的研究。

通过 2001~2010 年的省级面板数据进行估计，发现中国的资本劳动

替代弹性显著大于 1，表明资本与劳动呈替代关系；进一步构建 2001～2010 年的资源错配系数省级面板数据，实证分析结果表明资源错配对劳动收入份额有显著的负面影响。此外，人力资本、政府支出等因素对劳动收入份额都有显著的负面影响。在控制了内生性、异常样本点的影响以及采用不同代理变量的情况下，上述研究结果仍然是显著和稳健的。

本章的研究结论意味着，在当前资本与劳动呈替代关系的情况下，通过破除要素在地区间的流动壁垒、提高要素市场一体化水平，能够优化资源配置，并提高劳动收入份额。

第十章　市场分割对国民劳动收入份额的影响

改革开放的一个显著成就就是市场经济得到快速发展，市场化水平不断提高。然而，由于制度体制原因，与发达国家相比，中国的要素市场发育仍然相对落后，要素市场存在不同程度的分割①。这种分割既体现在区域之间，也体现在行业之间甚至企业之间。具体而言，户籍制度、农村土地产权制度以及劳工保护法律等因素造成劳动力流动存在极大成本，而地方保护主义、政务环境欠佳、利率的非市场化等因素造成资本流动存在极大成本。关于中国市场分割的成因和现状，不少学者已进行了充分的论述（Young，2000；白重恩等，2004；陆铭等，2004；石磊和马士国，2006；窦勇，2010；陈永伟，2013）。

要素市场分割必然影响资源的有效配置，进而导致一系列的经济后果，本章将探讨其中的一种，即市场分割对劳动收入份额的影响。要素市场分割影响劳动收入份额在逻辑上并不难理解。要素市场分割必然影响资源（资本-劳动）的优化配置（可用资本集约度的差异衡量），根据新古典模型，资本的收益率取决于资本的边际产出，而边际产出则取决于生产函数及资本集约度。因此，不同市场的资本集约度差异就会影响资本和劳动的收入分配，即影响劳动收入份额。那么，这种影响机制具体是怎样的呢？

---

① 本章所指的分割并非完全物理意义上的分割，只要存在市场摩擦、流动成本，即可称为市场分割。

一 关于市场分割影响国民劳动收入份额的研究综述

本章的研究与两个领域的研究紧密相关，可以视为对这两个领域研究文献的新的补充。第一个领域是有关要素市场分割或资源错配对经济增长的影响。这些文献证实，要素市场分割（扭曲）或资源错配对经济发展有显著的负面影响（Lagos，2006；Aoki，2008；Rogerson，2008）。比如，资源错配会降低中国的全要素生产率，影响经济增长（袁志刚和解栋栋，2011；李静等，2012；罗德明等，2012；陈永伟，2013）；要素市场分割会造成低成本出口，导致宏观经济失衡（窦勇，2010）；资源错配会导致产业结构失衡（楼东玮，2013）；劳动力市场分割影响性别收入差距（邓峰和丁小浩，2012）。就我们阅读所及，既有文献主要集中在要素市场分割或资源错配对全要素生产率（经济增长）或经济结构的影响，并未涉及它对劳动收入份额的影响。因此，本章研究有助于拓展对要素市场分割或资源错配的经济影响的认识，能够形成对既有文献的有益补充。

第二个领域的文献集中于劳动收入份额的决定因素。对劳动收入份额决定因素研究的聚焦源于中国的劳动收入份额在 20 世纪 90 年代中后期进入下降通道，并远低于发达国家和其他发展中国家，由此导致一系列的不良经济后果，如收入分配差距扩大、消费需求下降等（李稻葵等，2010；王宋涛，2014）。国内对劳动收入份额决定因素的研究主要从微观和宏观两条路径展开。微观路径主要利用企业的微观统计数据，考察影响企业劳动收入份额的各种因素，这方面的代表性文献主要有白重恩等（2008）、周明海等（2010）、罗长远和陈琳（2012）以及魏下海等（2013a，2013b）。这些文献认为产品市场垄断和国有部门改制、企业外资股权占比、企业融资约束、政治关系以及是否设立工会都会影响企业的劳动收入份额。宏观路径主要利用宏观面板统计数据，研究偏向性技术进步、劳动力供求变动、产业结构调整、人口年龄结构变化以及国际贸易对劳动收入份额的影响（白重恩和钱震杰，2010；黄先海和徐圣，2009；魏下海等，2012；赵秋运等，2012）。但是，这个领域的研究迄今尚没有考虑要素市场分割或资源错配的影响，国外文献如国内较多引用的 Bentolila 和 Saint-Paul（2003）也没有从市场分割的视角进行研究。因此，本章将从这个新的视角展开研究，利用微观数据展开宏观层面的研究。

二　市场分割影响国民劳动收入份额的模型分析

要分析要素市场分割对劳动收入份额的影响，必须了解如何衡量要素市场分割的程度。对于产品市场而言，学者们大多使用产品价格差异（相对价格法）来衡量市场分割（Young，2000；桂琦寒等，2006）。根据"冰川理论"（Samuelson，1954），如果不存在流动成本，那么不同市场的产品价格应该一致。因此，当不同市场的产品价格差异越大，则表示产品流动的成本越大，产品市场分割越严重①。对于要素市场而言，要素收益（回报）就是要素的价格，因此，可以使用要素的收益差异来衡量要素市场分割。具体而言，我们使用地区间的资本收益率基尼系数（G_r）来衡量资本市场的分割，用地区间的工资基尼系数（G_w）来衡量劳动力市场的分割。定义 G_r 为"资本市场分割指数"，定义 G_w 为"劳动力市场分割指数"。

设 N 个区域市场的资本收益率 r_i 和工资 w_i 都服从经典帕累托分布，假定 $k_1<k_2<\cdots<k_N$。

由于局部市场为完全竞争，厂商的极大化利润为 0，参照第八章第二节的模型分析，得到资本收益率为：

$$r_i=f'(k_i)=A\alpha\left[\alpha k_i^{(\sigma-1)/\sigma}+(1-\alpha)\right]^{1/(\sigma-1)}k_i^{-1/\sigma}$$

---

① 这是一种理想的情形，即假定没有影响价格变动的其他因素。

劳动收入为：

$$w_i = f(k_i) - k_i f'(k_i) = (1-\alpha) A [\alpha k_i^{(\sigma-1)/\sigma} + (1-\alpha)]^{1/(\sigma-1)}$$

劳动收入份额为：

$$e_i = w_i / y_i = (1-\alpha) [\alpha k_i^{(\sigma-1)/\sigma} + (1-\alpha)]^{-1}$$

由此，容易知道 $\dfrac{\partial r_i}{\partial k_i} < 0$，$\dfrac{\partial w_i}{\partial k_i} > 0$，并且当 σ>1 时，$\partial e_i / \partial k_i < 0$。从而：

$$r_1 > r_2 > \cdots > r_N$$

$$w_1 < w_2 < \cdots < w_N$$

并且当 $\sigma > 1$ 时，有：

$$e_1 > e_2 > \cdots > e_N$$

则各区域市场的资本收益率和人均劳动收入可以表示为：

$$r_{N-i+1} = rN \left[\left(1 - \frac{i-1}{N}\right)^{\frac{1-G_r}{1+G_r}} - \left(1 - \frac{i}{N}\right)^{\frac{1-G_r}{1+G_r}} \right] \textcircled{1}, \ \text{其中} \ r = \left(\frac{1}{N}\right) \sum_{i=1}^{N} r_i。$$

$$w_i = wN \left[\left(1 - \frac{i-1}{N}\right)^{\frac{1-G_w}{1+G_w}} - \left(1 - \frac{i}{N}\right)^{\frac{1-G_w}{1+G_w}} \right], \ \text{其中} \ w = \left(\frac{1}{N}\right) \sum_{i=1}^{N} w_i。$$

进一步可以得出以下命题。

命题 10-1 $\dfrac{\partial G_k}{\partial G_r} > 0$，$\dfrac{\partial G_k}{\partial G_w} > 0$，即资本市场分割和劳动力市场分割程度越高，资源错配程度越高。

证明：因为 $r_N = rN \left[1 - \left(1 - \frac{1}{N}\right)^{\frac{1-G_r}{1+G_r}} \right]$，$r_N = f'(k_N)$，$k_N = kN \left[\left(\frac{1}{N}\right)^{\frac{1-G_k}{1+G_k}} \right]$

所以有：

---

① 由于人均资本存量低的地区，资本收益率较高，因此计算资本收益率基尼系数（洛伦兹曲线）时，要将地区的顺序倒过来。

$$\frac{\partial r_N}{\partial G_r} < 0, \frac{\partial r_N}{\partial G_k} = f'(k_N) \frac{\partial k_N}{\partial G_k} < 0$$

从而：

$$\frac{\partial G_k}{\partial G_r} > 0$$

又有 $w_N = wN\left[\left(\dfrac{1}{N}\right)^{\frac{1-G_w}{1+G_w}}\right]$，$w_N = f(k_N) - k_N f'(k_N)$，则：

$$\frac{\partial w_N}{\partial G_w} > 0, \frac{\partial w_N}{\partial G_k} = -k_N f''(k_N) > 0$$

从而：

$$\frac{\partial G_k}{\partial G_w} > 0$$

证毕。

相应地，我们有以下实证假设。

假设 10-1　资本要素市场和劳动力要素市场分割都提高中国的资源错配程度。

结合命题 9-3 和命题 10-1，容易得出以下命题。

命题 10-2　当 $\sigma > 1$ 时，$\dfrac{\partial e}{\partial G_r} < 0$，$\dfrac{\partial e}{\partial G_w} < 0$，即当资本和劳动为替代关系时，资本市场分割和劳动力市场分割加剧都会降低劳动收入份额。

根据前文估计的中国资本劳动替代弹性数据，我们提出本章最重要的一个实证假设。

假设 10-2 要素市场分割降低了中国的劳动收入份额。

至此，我们完成了理论模型分析。虽然，从数学上讲，两个变量的（正负）相关性并不能体现其因果关系，但就经济学逻辑而言，这种相关性的因果关系确实是显而易见的：首先，要素市场的分割，即要素流动存在成本，表现为要素报酬的差异；其次，要素市场分割导致了地区间的资源错配，这表现为人均资本存量差异，资本差异又导致了产出（收入）的差异；最后，由于以收入为变量的劳动收入函数是凹函数，因此，收入分配差距扩大会导致劳动收入份额下降。

三　市场分割影响国民劳动收入份额的实证分析

（一）基本回归模型

为了检验要素市场分割对劳动收入份额的影响，设定回归模型为：

$$\ln ls_{it} = \alpha_0 + \alpha_1 giniroa_{it} + \alpha_2 ginipwage_{it} + \beta X_{it} + \varepsilon_{it} \tag{10-1}$$

其中，下标 i 表示城市，t 表示年份，各变量（指标）含义如下。

（1）ls，劳动收入份额。通过计算每个企业的劳动收入份额，加权得到市级的劳动收入份额。对微观企业劳动收入份额的估计采用要素成本增加值的概念（白重恩和钱震杰，2009b；魏下海等，2013b），具体计算公式为：

劳动收入份额＝雇员工资奖金总额/［企业利润总额（含税费）+雇员工资奖金总额］

（2）$ginipwage$，劳动力市场分割指数。先计算每个城市的每个企业的人均工资，再根据各个企业的人均工资数据拟合洛伦兹曲线函数[①]，进

[①] 每个城市的数据样本较大，使用洛伦兹曲线拟合（再求积分或参数）与使用离散方法计算的基尼系数基本一致，由于一共有 2780 个样本，计算量较大，实际操作中都统一使用离散方法编程计算。

一步计算得到市级人均工资的基尼系数。

（3）*giniroa*，资本市场分割指数。对于同一个城市，计算各个企业的总资产收益率，利用各个企业的总资产收益率数据拟合洛伦兹曲线，进一步计算得到市级总资产收益率的基尼系数。

（4）控制变量的选取主要参考以往的研究文献（Bentolila and Saint-Paul，2003；罗长远和陈琳，2012；魏下海等，2012），主要包括以下几个。①*pk*，人均资本存量，取对数。衡量资本深化，用全市工业企业的资本（总资产）除以劳动力数量得到。②*sck*，市企业规模，取对数。利用全市工业企业的总资产除以企业数量得到。③*roa*，总资产收益率。用全市工业企业的总利润除以总资产得到，主要用于控制每个城市的全要素生产率。根据理论模型，全要素生产率对劳动收入份额有重要影响。因为资产收益率由全要素生产率和人均资本决定，我们已经控制了人均资本，因此使用总资产收益率作为全要素生产率的代理变量是合适的。

上述三个变量是市级控制变量，还有一些控制变量缺乏市级数据，使用省级数据代替：④*pEdu*，人力资本，用人均受教育年限衡量，取对数；⑤*GOV*，政府支出占比，即政府支出占 GDP 的比重；⑥*pFDI*，人均利用外资，取对数；⑦*thirdind*，第三产业占比，即第三产业增加值占 GDP 的比重。

（二）数据来源与处理

本章研究数据主要来源于中国工业企业数据库（1998～2007 年），该数据库数据由各省、自治区、直辖市统计局和国务院各有关部门报送国家统计局，范围较全，准确度较高，是产业研究中重要的微观资料。同时，也有部分指标数据来源于各省区市统计年鉴。

利用中国工业数据库中 1205336 家企业的微观数据计算市级指标，一共得到 279 个地级市 10 年的面板数据；利用市级指标数据以及从各省区市统计年鉴中收集的省级数据计算得到省级指标数据。原始数据都利用 1998 年的定基价格指数进行了调整。使用 Stata 13 软件进行数据分析，变量的描述性统计结果见表 10-1。

表 10-1　变量描述性统计（市级）

变量	定义	均值	标准差	最小值	最大值
ls	劳动收入份额	0.581	0.117	0.301	0.875
ginipwage	劳动力市场分割指数	0.223	0.0355	0.0645	0.374
giniroa	资本市场分割指数	0.539	0.0607	0.234	0.752
pk	人均资本存量	193.0	61.95	62.98	558.4
sck	企业规模	79366	89470	4641	1.116×10^6
roa	总资产收益率	0.0533	0.0274	0.00368	0.355
pEdu	人力资本	7.822	0.818	4.906	11.09
pFDI	人均利用外资	0.0514	0.0674	6.42×10^{-6}	0.327
GOV	政府支出占比	0.128	0.0610	0.0558	0.798
thirdind	第三产业占比	37.83	5.334	29	72.10

注：缺少西藏人均受教育年限的数据。

需要说明，考虑到数据库中微观企业数据存在一些异常值，这些异常值使得变量指标容易出现偏态分布，因此在计算市场分割指数之前，我们剔除了异常值样本（如实收资本额为负和员工工资奖金为负的企业），并对模型的关键变量在样本 1% 和 99% 的分位数处做 Winsorize 处理，得到 1205336 家有效微观企业数据。同时，在计算市级市场分割指数时，为了保证通过曲线计算得到的基尼系数具一定的精确性，我们剔除了单个市中样本企业数少于 5 个的地级市。

（三）基本回归结果

表 10-2 中的列（1）和列（2）汇报了基本回归结果，估计方法为固定效应的普通最小二乘法。我们报告经由城市 Cluster 调整的稳健标准误。列（1）除了市场分割指数外，只包括市级控制变量；进一步地，列（2）加入了省级控制变量。回归结果表明，市场分割指数

ginipwage 和 *giniroa* 均与劳动收入份额 *ls* 显著负相关。这意味着，市场分割越严重，劳动收入份额越小，假设 10-2 成立。

表 10-2　回归结果

变量	（1）	（2）	（3）	（4）	（5）	（6）
ginipwage	-0.201*** (0.055)	-0.163*** (0.051)	-0.135*** (0.052)	-4.101** (1.765)	-0.288** (0.129)	-0.353*** (0.125)
giniroa	-0.180*** (0.035)	-0.060* (0.033)	-0.050* (0.034)	-2.355** (1.180)	-0.134* (0.072)	-0.106* (0.075)
ln*sck*	0.011*** (0.004)	0.040*** (0.004)	0.049*** (0.004)	0.059*** (0.010)	-0.062*** (0.013)	-0.009* (0.017)
ln*pk*	-0.169*** (0.009)	-0.258*** (0.009)	-0.271*** (0.010)	-0.197*** (0.032)	-0.059* (0.031)	-0.148*** (0.034)
roa	-6.149*** (0.074)	-6.549*** (0.071)	-6.275*** (0.073)	-7.469*** (0.651)	-6.722*** (0.207)	-6.945*** (0.216)
ln*pFDI*		0.028*** (0.003)	0.034*** (0.004)	-0.031* (0.016)		0.019*** (0.007)
thirdind		0.006*** (0.001)	0.005*** (0.001)	0.003 (0.002)		0.003*** (0.001)
GOV		0.057 (0.096)	-0.068 (0.105)	1.244** (0.491)		0.226 (0.173)
ln*pEdu*		0.465*** (0.037)	0.472*** (0.041)	0.071* (0.122)		0.288*** (0.082)
常数项	0.664*** (0.049)	-0.332*** (0.086)	-0.312*** (0.098)	1.865*** (0.490)	0.832*** (0.154)	0.057 (0.234)
观测值	2790	2770	2493	2770	270	270
R^2_w	0.788	0.826	0.820	0.059	0.842	0.853
F（P）	1866.140 (0.0000)	1308.158 (0.0000)	1119.056 (0.0000)		259.382 (0.0000)	149.010 (0.0000)

注：括号内为标准误，*、**和***分别表示10%、5%和1%的显著性水平；余同。

我们再考察控制变量对劳动收入份额的影响，并将之与已有文献相比较。

（1）人均资本存量（*pk*）对劳动收入份额的负面影响在1%的水平上显著，表明资本深化降低了中国工业企业的劳动收入份额。这个实证结果与白重恩和钱震杰（2010）以及魏下海等（2012）等人的研究结果一致。人均资本存量的影响系数为负，也间接表明资本劳动替代弹性大于 1。

（2）企业规模（*sck*）对劳动收入份额的影响在 1% 的水平上显著为正。表明企业规模越大，规模经济越明显，越能为员工提供较高的劳动报酬，这与魏下海等（2013b）的研究结果一致。

（3）总资产收益率（*roa*）对劳动收入份额的影响在 1% 的水平上显著为负。由于人均资本存量对劳动收入份额影响为负，而根据模型，人均资本存量越高，资本的边际收益越低，容易可以推导出，全要素生产率越高（或技术越进步），劳动收入份额越低。黄先海和徐圣（2009）认为中国的技术进步是劳动节约型的，因此会降低劳动收入份额。

（4）FDI 对劳动收入份额的影响为正，并且在 1% 的水平上显著，表明我国直接吸收外资能够提高工业企业的劳动收入份额，这个结论与冼国明和杨长志（2009）和 Gorg 等（2002）的研究一致。外资为了维护竞争力，往往愿意支付更高的工资，这也是外资企业通常会成为大学毕业生就业首选的原因。不过，罗长远和张军（2009b）以及邵敏和黄玖立（2010）则认为外资对劳动收入有负向影响，因为外资促进了资本深化，从而降低了劳动收入份额；魏下海等（2012）的研究认为多种作用机制导致 FDI 的影响方向不确定。

（5）产业结构（第三产业占比）对劳动收入份额在 1% 的水平上有显著正向影响。由于本章研究的劳动收入份额使用了工业企业的数据，因此结论意味着第三产业的发展提高了工业行业的劳动收入份额，这似乎符合逻辑：第三产业的发展会创造更多就业机会，这会减少工业行业的劳动力供给，从而会提高工业企业的工资水平。

（6）政府支出占比（GOV）的估计系数不显著，因此可认为政府支出对劳动收入份额的影响不确定。王永进和盛丹（2010）利用省级数据的研究表明政府财政支出对劳动收入份额的影响并不显著；罗长远和张军（2009）利用省级数据发现政府财政支出有利于提高劳动收入份额，魏下海等（2012）则认为政府支出对劳动收入份额有显著负面影响。由于所用数据、时间周期以及实证方法不同，不同文献的研究结果有所不同，因此政府支出对劳动收入份额的影响不明确。

（7）人力资本（*pEdu*）对劳动收入份额的影响显著为正，表明随着人力资本水平的提升，劳动收入份额上升。这是由于人力资本积累能够提高劳动的边际产出，也能够提高雇员的工资谈判能力，从而提高工资水平和劳动收入份额，这个结果与魏下海等（2012）的研究是一致的。

（四）潜在的内生性问题

引起内生性问题的原因一般来讲，大致有如下几个。（1）模型设定偏差，遗漏了重要解释变量，而且被遗漏变量与其他解释变量存在相关性。（2）测量误差。对被解释变量的测量误差其实不会引起内生性问题，而对解释变量的测量误差则会导致内生性问题。（3）被解释变量与解释变量之间存在双向交互影响（或同时受到其他变量的影响）。面对可能存在的内生性问题，我们通常有三种处理选择。（1）对此忽略，接受有偏而且不一致的结果，在此种情况下我们需要给出估计值与关键参数的偏误方向。（2）使用代理变量，代理变量应满足的条件：遗漏变量是代理变量与被解释变量的完全中介；遗漏变量除去由代理变量代理的那部分而剩余部分与其他解释变量不相关。我们希望代理变量"代理"了遗漏变量中引起内生性的那一部分，而余下那一部分外生于其他解释变量。（3）如果某内生变量不随时间变化，我们可以用面板固定效应或一阶差分法加以消除。（4）使用工具变量：工具变量将作为内生变量的工具加以使用，但它必须满足两个条件：第一个条件是相关性，即工具变量与内生变量相关；第二个条件是外生性，即工具变量与扰动项不相关。

对于基本回归模型即式（10-1）而言，考虑到核心解释变量 *ginipwage* 和 *giniroa* 可能与被解释变量存在内生性。首先，可能因为遗漏变量等原因而使得与误差项存在同期相关。借鉴邵敏和黄玖立（2010）

的做法，使用解释变量滞后一期替代当期，作为当期的代理变量，并基于固定效应对模型重新进行估计，回归结果见表10-2中的列（3）。

其次，内生性的产生还有可能因为市场分割和劳动收入份额之间互为因果关系，由此导致市场分割的系数产生"伪相关问题"，对此我们使用工具变量对模型采用两阶段最小二乘估计。考虑到工具变量必须影响资本收益率差异和工资差异（也即要素市场分割）而不受劳动收入份额的影响，制度变量是比较可行的工具变量，因为要素市场分割大多由制度原因造成，而制度本身又外生于劳动收入份额。在国内的经济学研究中，樊纲等人主编的《中国市场化指数报告》中的各类指数通常被用来衡量制度环境，因此我们从中选取三个变量（市场分配经济资源比重、非国有经济发展程度以及信贷资金分配的市场化）作为工具变量，回归结果见表10-2列（4）。

结果表明，做了内生性处理后，变量 $ginipwage$ 和 $giniroa$ 对劳动收入份额的负影响仍然显著存在，也即资本市场分割和劳动力市场分割都会显著降低劳动收入份额。

（五）稳健性检验：省级面板数据

由于要素市场分割既可以体现为地理上的区域分割，也可以体现为行业之间、企业之间的要素流动障碍。使用市级面板数据，则要素市场分割可能体现为行业、企业以及区域之间的流动障碍。但在中国，区域的要素市场分割，更多地体现在省或市之间。因此，我们还进一步构建省级面板数据对模型的稳健性进一步进行检验。我们使用基于微观企业数据计算得到市级数据进一步计算省级数据，如省级资本市场分割指数和劳动力市场分割指数就利用省内各个城市的资本收益率和人均工资计算基尼系数得到；其他省级层面的指标值则由该省内各个市的指标值加权得到。根据数据的可获得性，最终得到27个省区市10年的数据样本270个。

基于省级数据的回归结果见表10-2中列（5）和列（6）。结果表明，所有变量的系数符号和显著性与基本回归结果基本一致。此外，劳动力市场分割指数和资本市场分割指数对劳动收入份额的影响系数较于基本回归结果有所增加，表明劳动力市场分割和资本流动障碍对劳动收入份额的负面影响随着地理区域的扩大而增强。

四　资源配置在市场分割影响国民劳动收入份额中的中介效应

（一）中介效应检验方法

前面的理论分析中，要素市场分割通过影响资源错配，间接影响劳动收入份额，这意味着资源错配在两者之间起着中介作用。那么，对此如何进行实证检验？Baron 和 Kenny（1986）提供了一种检验方法，如图 10-1 所示，路径 a 表示解释变量对中介变量产生的影响，而路径 b 则表示中介变量对被解释变量产生的影响，路径 c 表示解释变量对被解释变量产生的影响，路径 c^* 表示路径 a 和路径 b 同时受到控制时，解释变量对被解释变量的影响。

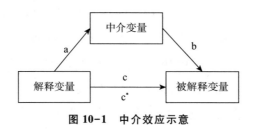

图 10-1　中介效应示意

由此可见，一个变量要成为中介变量需要满足三个条件：（1）解释变量的变化能够解释中介变量的变化；（2）中介变量的变化能够解释被解释变量的变化；（3）控制中介变量后，解释变量和被解释变量之间原来存在的显著关系明显减弱。当路径 c^* 的影响减弱至零时，可以认为存在唯一的中介变量，此时称该变量为完全中介变量；如果路径 c^* 的影响不为零，则认为存在多个中介变量，该变量即部分中介变量。

我们根据 Baron 和 Kenny（1986）的思路，分三步进行实证检验，回归模型分别为：

$$ginipk_{it} = \alpha_0 + \alpha_1 giniroa_{it} + \alpha_2 ginipwage_{it} + \varepsilon_{it} \tag{10-2}$$

$$\ln ls_{it} = \alpha_0 + \alpha_1 ginipk_{it} + + \beta X_{it} + \varepsilon_{it} \tag{10-3}$$

$$\ln ls_{it} = \alpha_0 + \alpha_1 giniroa_{it} + \alpha_2 ginipwage_{it} + \alpha_3 ginipk_{it} + \beta X_{it} + \varepsilon_{it} \tag{10-4}$$

其中，$ginipk$ 为（市级）资源错配系数，利用每家企业的人均资本计算市级的人均资本基尼系数得到，其他变量含义同式（10-1）。式（10-2）验证市场分割对资源错配的影响；式（10-3）验证资源错配对劳动收入份额的影响；式（10-4）验证资源错配在市场分割影响劳动收入份额中的中介效应。

（二）中介效应检验结果

根据中介效应检验方法，使用固定效应模型进行回归。估计结果见表 10-3 的列（1）~列（3）。结果表明：资源错配系数 $ginipk$ 与市场分割指数 $ginipwage$、$giniroa$ 显著正相关，也即命题 10-1 成立；资源错配系数 $ginipk$ 与劳动收入份额 ls 显著负相关，也即命题 10-3 成立。而在控制了 $ginipk$ 后，对比表 10-3 中列（3）和表 10-2 中列（2）可发现，$giniroa$ 的系数与显著性变化不大，而 $ginipwage$ 的系数绝对值与显著性有所下降，系数绝对值由 0.163 下降为 0.138；而显著性水平由 0.2% 下降为 4.8%。因此，我们可以认为资源错配系数在劳动力市场分割指数 $ginipwage$ 与劳动收入份额之间起着部分中介作用。

表 10-3 中介效应检验结果

变量	（1） $ginipk$	（2） ls	（3） ls
$ginipwage$	0.183*** (0.022)		−0.138** (0.052)
$giniroa$	0.040*** (0.014)		−0.060* (0.033)

续表

变量	（1） *ginipk*	（2） *ls*	（3） *ls*
ginipk		−0.160*** （0.045）	−0.142*** （0.045）
ln*pk*		−0.257*** （0.009）	−0.256*** （0.009）
roa		−6.533*** （0.069）	−6.555*** （0.071）
ln*sck*		0.040*** （0.004）	0.041*** （0.004）
ln*pEdu*		0.476*** （0.037）	0.463*** （0.037）
GOV		0.000 （0.095）	0.042 （0.096）
ln*pFDI*		0.028*** （0.003）	0.027*** （0.003）
thirdind		0.006*** （0.001）	0.006*** （0.001）
常数项	0.334*** （0.009）	−0.359*** （0.084）	−0.298*** （0.086）
观测值	2790	2770	2770
R^2_w	0.030	0.826	0.826
F（P）	38.880 （0.0000）	1471.598 （0.0000）	1182.496 （0.0000）

五　制度环境在市场分割影响国民劳动收入份额中的双重作用

（一）理论分析与假设

中国地区之间的制度环境存在差异是不争的事实（董志强等，2012），而中国独特的制度环境对要素市场分割有着严重的影响。首先，较严格的户籍制度使得户籍人口与非户籍人口在公共服务及福利（如教育、医疗、住房、养老等）的获取上存在较大差异，这必然会影响劳动力的迁徙。其次，中国的土地制度导致农村土地的产权残缺和产权分离

（王宋涛，2012），农民的土地权要依附于村集体以及自身的户籍，这就使得农民不敢随意迁移户籍。再次，中国的法律司法在对劳动力的保护上仍需加强，中国的工会组织在保护职工方面发挥的作用有限（乔健和钱俊月，2010），这使得劳动力流动的权益难以受到较好保护。上述因素都会造成劳动力流动存在极大成本，导致劳动力市场的分割。

对于不同地区而言，在对制度的执行以及法律的实施中会存在较大差异（樊纲等，2011），制度环境越好的地区，户籍制度对公共服务和福利的提供的影响较小，对农民土地权益的保障也更好，同时对劳动者保护的法律也贯彻得更好，从而劳动力流动的成本较低，劳动力市场分割程度也越低。

就资本要素的流动而言，利率的非市场化使得资本无法根据收益自由流动，间接提高了资本流动的成本，但在制度环境较好的地区，民间金融得到较好保护和发展，民间借贷利率更能反映资本的供需。此外，不同程度存在的地方保护主义以及政务环境的恶化都会导致跨地区的投资成本增加（余明桂和潘红波，2008）。因此，制度环境越差的地区，资本流动的成本就越高，资本市场分割程度就越高。

可见，制度环境对劳动收入份额的影响是复杂的，可能存在两种途径：一是制度环境影响要素市场分割程度，并进而影响劳动收入份额；二是制度环境在要素市场分割影响劳动收入份额中起调节作用。因此，我们提出以下两个假设。

假设10-3　制度环境越差的地区，要素市场分割越严重，从而劳动收入份额越低；反之亦然。

假设10-4　制度环境越差的地方，要素市场分割对劳动收入份额的负面影响越严重；反之依然。

（二）制度变量影响的计量模型

为了检验假设10-3，即制度环境通过影响要素市场分割影响劳动收入份额，参考中介效应检验方法，因为前面已实证分析要素市场分割对劳动收入份额的影响，只需设定以下模型：

$$ginipwage_{it}(giniroa_{it}) = \alpha_0 + \alpha_1 IMR_{it} + \varepsilon_{it} \qquad (10-5)$$

$$\ln ls_{it} = \alpha_0 + \alpha_1 IMR_{it} + \beta X_{it} + \varepsilon_{it} \qquad (10-6)$$

$$\ln ls_{it} = \alpha_0 + \alpha_1 giniroa_{it} + \alpha_2 ginipwage_{it} + \alpha_3 IMR_{it} + \beta X_{it} + \varepsilon_{it} \qquad (10-7)$$

其中，IMR 表示制度环境变量，选取三个指标作为制度环境的代理变量，其中一级指标为市场化指数（INS）、二级指标为政府与市场（$GOVM$）、三级指标为减少企业对外税费负担（$GOVR$）。式（10-5）检验制度环境对资本市场分割和劳动力市场分割的影响，预期 α_1 的符号为负；式（10-6）检验制度环境对劳动收入份额的影响，预期 α_1 的符号为正；式（10-7）检验要素市场分割在制度环境影响劳动收入份额中所起的中介作用。

为了检验假设 10-4，即制度环境在要素市场分割影响劳动收入份额中的调节作用，设定以下模型：

$$\ln ls_{it} = \alpha_0 + \alpha_1 giniroa_{it} + \alpha_2 ginipwage_{it} + \alpha_3 giniroa_{it} \times IMR_{it} + \alpha_4 ginipwage_{it} \times IMR_{it} + \beta X_{it} + \varepsilon_{it}$$

$$(10-8)$$

其中，如交互项的回归系数 α_3、α_4 符号为正，则意味着制度环境在市场分割与劳动收入份额之间起着正向调节作用。制度环境越优越，市场分割对劳动收入份额的正面影响则越大；反之亦然。预期 α_1、α_2 的符号为负，α_3、α_4 的符号为正。

（三）作用检验结果

对于假设 10-3，我们检验了制度环境变量（市场化指数 INS、政府与市场 $GOVM$、减少企业对外税费负担 $GOVR$）与要素市场分割的关系，发现制度环境变量与要素市场分割在 1% 的水平上显著负相关，即制度环境越好的地区，要素市场分割程度越低。接下来我们对制度环境与劳动收入份额的关系进行回归，结果见表 10-4 中的列（1）~列（3）；

最后将制度环境变量与要素市场分割变量一起作为解释变量对劳动收入份额进行回归，结果见表10-4中的列（4）~列（6）。

表10-4　制度环境的促进作用

变量	（1）	（2）	（3）	（4）	（5）	（6）
INS	0.032*** （0.002）			0.030** （0.002）		
GOVM		0.023*** （0.002）			0.021*** （0.002）	
GOVR			0.008*** （0.000）			0.006** （0.000）
giniroa				−0.060* （0.031）	−0.068** （0.032）	−0.013* （0.033）
ginipwage				−0.006** （0.048）	−0.105** （0.049）	−0.074* （0.053）
lnpk	−0.282*** （0.008）	−0.272*** （0.009）	−0.294*** （0.010）	−0.281*** （0.009）	−0.270*** （0.009）	−0.293*** （0.010）
roa	−6.808*** （0.066）	−6.692*** （0.067）	−6.503*** （0.070）	−6.836*** （0.068）	−6.718*** （0.069）	−6.505*** （0.072）
lnsck	0.053*** （0.004）	0.046*** （0.004）	0.061*** （0.004）	0.054*** （0.004）	0.046*** （0.004）	0.061*** （0.004）
lnpEdu	0.121*** （0.039）	0.291*** （0.038）	0.189*** （0.043）	0.119*** （0.039）	0.282*** （0.038）	0.189*** （0.043）
GOV	0.097 （0.089）	0.095 （0.091）	0.042 （0.100）	0.101 （0.090）	0.126 （0.092）	0.065 （0.101）
lnpFDI	−0.003 （0.004）	0.009** （0.004）	0.010*** （0.004）	−0.004 （0.004）	0.008** （0.004）	0.010*** （0.004）
thirdind	0.005*** （0.001）	0.006*** （0.001）	0.005*** （0.001）	0.004*** （0.001）	0.006*** （0.001）	0.005*** （0.001）
常数项	0.039 （0.080）	−0.251*** （0.080）	0.056 （0.094）	0.075 （0.082）	−0.190** （0.083）	0.067 （0.096）
观测值	2770	2770	2493	2770	2770	2493
R^2_w	0.849	0.839	0.837	0.849	0.840	0.837
F（p）	1741.352 （0.0000）	1622.200 （0.0000）	1420.758 （0.0000）	1394.435 （0.0000）	1302.470 （0.0000）	1136.887 （0.0000）

从列（1）~列（3）可以看出，不管使用哪个代理变量，制度环境都在1%的显著性水平上对劳动收入份额有正面影响，表明制度环境越好，劳动收入份额越高。从列（4）~列（6）可以看出，要素市场

分割变量的系数都显著为负，而制度环境变量的系数显著性有所下降，影响系数也有所下降。这意味着制度环境通过要素市场分割的部分中介作用影响了劳动收入份额，制度环境越好的地区，要素市场分割程度越低，劳动收入份额也越高。

对于假设 10-4，我们将制度环境与市场分割的交互项放入回归中以验证制度环境的调节作用，依然使用面板数据的固定效应模型的最小二乘回归，得到的回归结果如表 10-5 所示。

表 10-5　制度环境的调节作用

变量	（1）	（2）	（3）
$ginipwage$	-0.579^{***} （0.121）	-0.774^{***} （0.168）	-0.110 （0.103）
$giniroa$	-0.138^{**} （0.056）	-0.053^{*} （0.074）	-0.130^{**} （0.053）
$INS \times ginipwage$	0.099^{***} （0.020）		
$INS \times giniroa$	0.016^{**} （0.008）		
$GOVM \times ginipwage$		0.095^{***} （0.023）	
$GOVM \times giniroa$		-0.001 （0.010）	
$GOVR \times ginipwage$			0.002^{*} （0.009）
$GOVR \times giniroa$			0.012^{***} （0.004）
roa	-6.786^{***} （0.068）	-6.683^{***} （0.069）	-6.469^{***} （0.073）
lnsck	0.054^{***} （0.004）	0.046^{***} （0.004）	0.061^{***} （0.004）
lnpEdu	0.156^{***} （0.039）	0.305^{***} （0.038）	0.209^{***} （0.044）
GOV	0.064 （0.090）	0.097 （0.093）	0.053 （0.102）
lnpFDI	-0.001 （0.004）	0.010^{***} （0.004）	0.012^{***} （0.004）
$thirdind$	0.005^{***} （0.001）	0.006^{***} （0.001）	0.004^{***} （0.001）

续表

变量	（1）	（2）	（3）
常数项	0.156 * (0.086)	-0.096 (0.085)	0.105 (0.099)
观测值	2770	2770	2493
R^2_w	0.846	0.838	0.836
F （p）	1239.458 (0.0000)	1168.762 (0.0000)	1018.978 (0.000)

从表 10-5 可以看到，要素市场分割指数对劳动收入份额的影响仍然显著为负，而制度环境变量与要素市场分割指数的交互项的回归系数总体上显著为正，制度环境变量具有正面调节作用，假设 10-4 成立。这意味着，制度环境越好的地方，要素市场分割对劳动收入份额的总体负面影响越弱。

综上，制度环境在要素市场分割影响劳动收入份额的机制中具有双重作用，它既会直接通过影响要素市场分割而影响劳动收入份额，又在要素市场分割影响劳动收入份额的过程中起调节作用。总体而言，制度环境对劳动收入份额有正面的影响。因此，改善制度环境对于提高劳动收入份额有重大的意义。

小　结

要素市场分割（扭曲）和劳动收入份额较低（下降）是中国经济社会发展中存在的两个重要问题，但迄今尚没有文献将这两者结合起来进行研究。本章通过建立基于市场分割的新古典生产模型分析了要素市场分割如何影响劳动收入份额。利用 1998～2007 年中国工业企业的微观数据，本章构建 279 个城市的面板数据展开实证研究。研究发现，要素市场分割程度越高的地区，劳动收入份额则越低。即便控制了可能存在的内生性以及使用省级面板数据替代，回归结果也是稳健的。关于资源错配的中介效应检验结果表明，资源错配在劳动力市场分割影响劳动收入份额中起着部分中介作用。关于制度环境的双重作用的检验结果表明，制度环境既会直接通过影响要素市场分割而影响劳动收入份额，又在要素市场分割影响劳动收入份额的过程中起调节作用。

本章研究在学术上是对要素市场分割（资源错配）的经济影响以及劳动收入份额的决定因素两个领域的研究文献的有益补充。虽然，市场分割造成地区收入分配差距是一个共识，但是市场分割降低宏观劳动收入份额，则是一个较新的研究视角。

同时，本章研究结论具有现实意义。改革开放以来，中国的市场化水平不断提高，但时至今日，仍然存在影响资本和劳动力流动的制度性因素，譬如户籍制度、农村土地制度、地方保护主义、利率管制等。只有对这些制度体制进行根本性改革，才能使资源在全国范围内实现优化配置，促进中国经济增长，提高劳动收入份额，缩小居民收入分配差距。

附录：森的社会福利函数内在逻辑矛盾证明

森的社会福利函数 $R=\bar{y}$ $(1-G)$ 存在内在逻辑矛盾。

证明：由于森的社会福利函数只是规定了对称性及严格拟凹，因此它同样适用效用主义的情形（Sen, 1974）。

假设全社会有 N 个个体，并且他们除收入外完全同质，此外假定效用主义的五个基本假设完全成立（从而也肯定满足对称性和严格拟凹条件）。

设 N 个个体的效用函数都为 u (y)，并具有相同的收入 $\bar{y}$，则根据森的社会福利指数公式可计算出社会福利为 $R=\bar{y}$；而根据效用主义社会福利函数计算的社会福利为 Nu $(\bar{y})$，从而有 u (y) $=y/N$。

如果 N 个个体的收入分别为 $\bar{y}$，$2\bar{y}$，$3\bar{y}$，$\cdots$，$N\bar{y}$，则根据森的社会福利函数计算的社会福利为 $R=\dfrac{N+1}{2}\bar{y}$ $(1-G)$；而根据效用主义社会福利函数计算的社会福利为 $R=\dfrac{N+1}{2}\bar{y}$。很明显，由于 $G>0$，两种方法计算出来的社会福利不相等。而根据上文所述，森的社会福利指数是包含效用主义的社会福利指数，即效用主义只是其一个特例，也就是只要通过个人主义的中介，森的社会福利函数就出现内在的逻辑矛盾。

实际上，要解释森的社会福利函数的逻辑矛盾也很简单。我们假设收入绝对平等，都为 $\bar{y}$，即 $G=0$，则 $R=\bar{y}$，从而 $\partial R/\partial\bar{y}=1$，即（个体）收入的边际效用并不递减，如果个体收入的边际效用不递减，那么收入分配差距又如何影响社会福利呢？也就是说，衡量收入分配差距的 G 如何进入社会福利函数？从而很明显，森的社会福利函数存在逻辑缺陷：既要回避个人主义的边际效用递减，又要考虑收入分配差距对社会福利的影响。而这是不可能的，从而也间接说明，试图使用非个人主义的社会福利函数几乎是不可能的。

参考文献

阿玛蒂亚·森 . 2006. 论经济不平等/不平等之再考察 ［M］. 王利文，
　　于占杰，译 . 北京：社会科学文献出版社 .

白重恩，杜颖娟，陶志刚，等 . 2004. 地方保护主义及产业地区集中度
　　的决定因素和变动趋势 ［J］. 经济研究（4）.

白重恩，钱震杰，武康平 . 2008. 中国工业部门要素分配份额决定因素
　　研究 ［J］. 经济研究（8）.

白重恩，钱震杰 . 2009a. 谁在挤占居民的收入——中国国民收入分配格
　　局分析 ［J］. 中国社会科学（5）.

白重恩，钱震杰 . 2009b. 国民收入的要素分配：统计数据背后的故事
　　［J］. 经济研究（3）.

白重恩，钱震杰 . 2010. 劳动收入份额决定因素：来自中国省际面板数
　　据的证据 ［J］. 世界经济（12）.

庇古 . 2007. 福利经济学 ［M］. 金镝，译 . 北京：华夏出版社 .

曹荣荣，郝磊 . 2018. 人口老龄化背景下健康对中老年劳动供给的影响
　　［J］. 经济问题（10）.

钞小静，任保平，惠康 . 2009. 收入分配不平等、有效需求与经济增
　　长——一个基于中国经济转型的实证研究 ［J］. 当代经济科学（5）.

陈建东 . 2010. 按城乡分解我国居民收入基尼系数的研究 ［J］. 中国经
　　济问题（4）.

陈学彬，杨凌，方松 . 2005. 货币政策效应的微观基础研究——我国居
　　民消费储蓄行为的实证分析 ［J］. 复旦学报（社会科学版）（1）.

陈永伟 . 2013. 资源错配：问题、成因和对策［D］. 北京大学博士学位
　　论文 .

成邦文 . 2005. 基于对数正态分布的洛伦兹曲线与基尼系数［J］. 数量
　　经济技术经济研究（2）.

成前，李月 . 2020. 教育水平、相对剥夺与流动人口健康［J］. 云南财
　　经大学学报，36（11）.

程磊 . 2011. 收入差距扩大与中国内需不足：理论机制与实证检验［J］.
　　经济科学（1）.

程永宏，糜仲春 . 1998. 利用个人收入分配函数确定基尼系数的新方法
　　［J］. 华东经济管理（1）.

邓峰，丁小浩 . 2012. 人力资本、劳动力市场分割与性别收入差距［J］.
　　社会学研究（5）.

丁宏，成前，倪润哲 . 2018. 城镇化的不平等、市民化与居民健康水平
　　［J］. 南开经济研究（6）.

董志强，魏下海，汤灿晴 . 2012. 制度软环境与经济发展——基于 30 个
　　大城市营商环境的经验研究［J］. 管理世界（4）.

董志强 . 2011. 我们为何偏好公平［J］. 经济研究（8）.

窦勇 . 2010. 开放进程中要素市场扭曲与宏观经济失衡［D］. 中共中央
　　党校博士学位论文 .

段先盛 . 2009. 收入分配对总消费影响的结构分析——兼对中国城镇家
　　庭的实证检验［J］. 数量经济技术经济研究（2）.

樊纲，王小鲁，朱恒鹏 . 2011. 中国市场化指数——各地区市场化相对
　　进程 2011 年报告［M］. 经济科学出版社 .

方福前，吕文慧 . 2007. 从社会福利函数的演进看我国公平问题［J］.
　　天津社会科学（3）.

方福前 . 2009. 中国居民消费需求不足原因研究——基于中国城乡分省
　　数据［J］. 中国社会科学（2）.

方文全 . 2011. 中国劳动收入份额决定因素的实证研究：结构调整抑或

财政效应？[J]．金融研究（2）．

房宏婷．2011．论文化消费与文化产业的互动关系 [J]．理论学刊（10）．

封进，余央央．2007．中国农村的收入差距与健康 [J]．经济研究（1）．

冯义涛，邹晓东．2000．上海市民收入变化对文化消费发展的影响 [J]．
　　上海经济研究（11）．

戈森．1997．人类交换规律与人类行为准则的发展 [M]．陈秀山，译．
　　北京：商务印书馆．

龚刚，杨光．2010．论工资性收入占国民收入比例的演变 [J]．管理世
　　界（5）．

桂琦寒，陈敏，陆铭，等．2006．中国国内商品市场趋于分割还是整合：
　　基于相对价格法的分析 [J]．世界经济（2）．

国家统计局．2001．从基尼系数看贫富差距 [J]．中国国情国力（1）．

国家统计局．2012．金砖国家联合统计手册 [M]．北京：中国统计出版社．

杭斌，郭香俊．2009．基于习惯形成的预防性储蓄——中国城镇居民消
　　费行为的实证分析 [J]．统计研究（3）．

侯玉波，葛枭语．2020．收入不平等与收入再分配对幸福感的影响——
　　基于社会认知视角 [J]．北京大学学报（哲学社会科学版），57（1）．

黄先海，徐圣．2009．中国劳动收入比重下降成因分析——基于劳动节
　　约型技术进步的视角 [J]．经济研究（7）．

黄云，任国强，周云波．2019．收入不平等对农村居民身心健康的影
　　响——基于 CGSS2015 数据的实证分析 [J]．农业技术经济（3）．

黄赜琳．2005．中国经济周期特征与财政政策效应——一个基于三部门
　　RBC 模型的实证分析 [J]．经济研究（6）．

杰弗里·伍德里奇．2009．计量经济学导论：现代观点 [M]．清华大学
　　出版社．

杰文斯．1984．政治经济学理论 [M]．郭大力，译．北京：商务印书馆．

李稻葵，刘霖林，王红领．2009.GDP 中劳动份额演变的 U 型规律 [J]．
　　经济研究（1）．

李稻葵，何梦杰，刘霖林.2010.我国现阶段初次分配中劳动收入下降分析 [J].经济理论与经济管理（2）.

李静，彭飞，毛德凤.2012.资源错配与中国工业企业全要素生产率 [J].财贸研究（5）.

李军.2003.收入差距对消费需求影响的定量分析 [J].数量经济技术经济研究（9）.

李魁，钟水映.2010.劳动力抚养负担与居民消费率——基于人口红利的动态面板实证研究 [J].经济评论（6）.

李扬，殷剑峰.2007.中国高储蓄率问题探究 [J].经济研究（6）.

李子奈.2008.计量经济学应用研究的总体回归模型设定 [J].经济研究（8）.

刘树杰，王蕴.2009.合理调整国民收入分配格局研究 [J].宏观经济研究（12）.

刘文斌.2000.收入差距对消费需求的制约 [J].经济研究（9）.

龙志和，周浩明.2000.中国城镇居民预防性储蓄实证研究 [J].经济研究（11）.

楼东玮.2013.资源错配视角下的产业结构失衡研究——关于错配指数的测度与分解 [J].云南财经大学学报（4）.

陆铭，陈钊，严冀.2004.收益递增、发展战略与区域经济的分割 [J].经济研究（1）.

罗楚亮.2004.经济转轨、不确定性与城镇居民消费行为 [J].经济研究（4）.

罗德明，李晔，史晋川.2012.要素市场扭曲、资源错置与生产率 [J].经济研究（3）.

罗长远.2008.卡尔多"特征事实"再思考：对劳动收入占比的分析 [J].世界经济（11）.

罗长远，张军.2009a.经济发展中的劳动收入占比：基于中国产业数据的实证研究 [J].中国社会科学（4）.

罗长远，张军.2009b.劳动收入份额下降的经济学解释［J］.管理世界（5）.

罗长远，陈琳.2012.融资约束会导致劳动收入份额下降吗？［J］.金融研究（3）.

马强.2004.我国居民消费需求不足的成因与对策［J］.宏观经济管理（5）.

马双，臧文斌，甘犁.2011.新型农村合作医疗保险对农村居民食物消费的影响分析［J］.经济学（季刊），10（1）.

马万超，王湘红，李辉.2018.收入差距对幸福感的影响机制研究［J］.经济学动态（11）.

毛丰付，姚剑锋.2015.城镇化与"胖中国"：收入、收入不平等与BMI［J］.商业经济与管理（4）.

梅纳德·凯恩斯.1999.就业、利息与货币通论［M］.北京：经济科学出版社.

门格尔.1958.国民经济学原理［M］.上海：上海人民出版社.

密尔.1957.功利主义［M］.上海：商务印书馆.

欧翠珍.2010.文化消费研究述评［J］.经济学家（3）.

欧阳植，于维生.1994.分组数据的收入分布拟合及洛仑兹曲线与基尼系数［J］.数量经济与技术经济研究（6）.

潘春阳，杜莉，蔡璟孜.2010.中国消费率下降之谜［J］.上海经济研究（7）.

齐良书.2006.收入、收入不均与健康：城乡差异和职业地位的影响［J］.经济研究（11）.

齐亚强.2014.自评一般健康的信度和效度分析［J］.社会，34（6）.

乔健，钱俊月.2010.对民营企业工会建设问题的思考［J］.中国人力资源开发（10）.

乔为国.2007.我国居民低消费率的成因——以国民收入流量循环为框架的分析［J］.学海（5）.

172

任国强，黄云，周云波 . 2017. 个体收入剥夺如何影响城镇居民的健康？——基于 CFPS 城镇面板数据的实证研究 [J]. 经济科学（4）.

任国强，王福珍，罗玉辉 . 2016. 收入、个体收入剥夺对城乡居民健康的影响——基于 CGSS2010 数据的实证分析 [J]. 南开经济研究（6）.

邵敏，黄玖立 . 2010. 外资与我国劳动收入份额——基于工业行业的经验研究 [J]. 经济学（季刊）（4）.

石磊，马士国 . 2006. 市场分割的形成机制与中国统一市场建设的制度安排 [J]. 中国人民大学学报（3）.

宋国青 . 2007. 国民收入分配偏斜导致消费率下降 [J]. 董事会（4）.

苏钟萍，张应良 . 2021. 收入不平等对农村居民健康的影响——基于相对剥夺的微观视角验证 [J]. 农业技术经济（3）.

孙蚌珠，周景彤 . 2009. 收入不均等对健康的影响研究述评 [J]. 经济学动态（7）.

陶传平 . 2001. 我国消费市场低迷的原因及对策 [J]. 山东社会科学（5）.

仝如琼，王永贵 . 2010. 城镇居民文化消费与文化产业发展 [J]. 商业研究（3）.

瓦尔拉斯 . 1989. 纯粹经济学要义 [M]. 北京：商务印书馆 .

万广华，张茵，牛建高 . 2001. 流动性约束、不确定性与中国居民消费 [J]. 经济研究（11）.

王美今，林建浩 . 2012. 计量经济学应用研究的可信性革命 [J]. 经济研究（2）.

王曲，刘民权 . 2005. 健康的价值及若干决定因素：文献综述 [J]. 经济学（季刊）（4）.

王少瑾 . 2007a. 收入不平等对中国人口健康影响的实证分析 [J]. 云南财经大学学报（3）.

王少瑾 . 2007b. 收入不平等对人口健康影响的研究综述 [J]. 当代经济科学（6）.

王宋涛，杨薇，吴超林 . 2011. 中国国民总效用函数的构建与估计 [J].

统计研究（4）.

王宋涛 .2012. 产权残缺、土地分置与农村治理模式——一个解释当前
中国农村治理效应的理论框架 [J]. 浙江工商大学学报（1）.

王宋涛，王健 .2012. 食品价格增长对我国居民生活水平影响的实证分
析——省际面板数据（1996~2010）[J]. 北方经济（12）.

王宋涛，吴超林 .2012. 收入分配对我国居民总消费的影响分析——基
于边际消费倾向的理论和实证研究 [J]. 经济评论（6）.

王宋涛，魏下海，涂斌，等 .2012. 收入差距与中国国民劳动收入变动
研究——兼对 GDP 中劳动收入份额 U 型演变规律的一个解释 [J].
经济科学（6）.

王宋涛，吴超林 .2013. 中国居民收入不平等的宏观消费效应研究：模
型、方法与数据 [J]. 经济评论（6）.

王宋涛，谢兰兰 .2013. 公平分配与居民福利——收入差距对中国居民
恩格尔系数的影响分析 [J]. 统计与信息论坛（3）.

王宋涛 .2014. 中国居民消费率缘何下降？——基于宏观消费函数的多
因素分解 [J]. 财经研究（6）.

王宋涛，朱腾腾，米运生 .2014. 包含基尼系数的宏观消费函数的构建
及应用 [J]. 统计与决策（23）.

王宋涛，孟凡强，张悦 .2017. 收入差距对宏观指标的影响研究：理论、
方法与数据 [J]. 云南财经大学学报（5）.

王宋涛，罗敏倩，李斌 .2022. 收入不平等对中国居民健康的影响研
究——基于个体效应和宏观效应的分解 [J]. 汕头大学学报（人
文科学版）（11）.

王永进，盛丹 .2010. 要素积累、偏向型技术进步与劳动收入占比 [J].
世界经济文汇（4）.

魏下海，董志强，赵秋运 .2012. 人口年龄结构变化与劳动收入份额：
理论与经验研究 [J]. 南开经济研究（2）.

魏下海，董志强，黄玖立 .2013a. 工会是否改善劳动收入份额？——理

论分析与来自中国民营企业的经验证据 [J]. 经济研究 (8).

魏下海, 董志强, 刘愿. 2013b. 政治关系、制度环境与劳动收入份额——基于全国民营企业调查数据的实证研究 [J]. 管理世界 (5).

温湖炜, 郭子琪. 2015. 我国收入不平等对居民健康影响的经验研究 [J]. 卫生经济研究 (5).

温兴祥. 2018. 相对剥夺对农村中老年人健康状况的影响——基于中国健康与养老追踪调查数据的分析 [J]. 中国农村观察 (6).

吴琼, 张沛康. 2020. 自评健康评价标准会随时间变化吗? [J]. 人口与发展, 26 (1).

吴晓明, 吴栋. 2007. 我国城镇居民平均消费倾向与收入分配状况关系的实证研究 [J]. 数量经济技术经济研究 (5).

吴易风, 钱敏泽. 2004. 影响消费需求因素的实证分析 [J]. 经济理论与经济管理 (2).

冼国明, 杨长志. 2009. 外资所有权与工资升水关系研究评述 [J]. 经济学动态 (3).

邢志平. 2011. 中国居民消费率持续下降研究——基于人口年龄结构和养老保险制度 [J]. 重庆科技学院学报 (社会科学版) (2).

杨汝岱, 朱诗娥. 2007. 公平与效率不可兼得吗? ——基于居民边际消费倾向的研究 [J]. 经济研究 (12).

姚刚, 赵石磊. 2008. 中国城镇居民文化消费的实证研究 [J]. 黑龙江社会科学 (1).

叶航. 2003. 西方经济学效用范式的逻辑缺陷 [J]. 经济学家 (1).

银温泉, 才婉茹. 2001. 我国地方市场分割的成因和治理 [J]. 经济研究 (6).

尹恒, 龚六堂, 邹恒甫. 2002. 当代收入分配理论的新进展 [J]. 经济研究 (8).

余明桂, 潘红波. 2008. 政府干预、法治、金融发展与国有企业银行贷款 [J]. 金融研究 (9).

余永定，李军．2000．中国居民消费函数的理论与验证［J］．中国社会科学（1）．

袁志刚，朱国林．2002．消费理论中的收入分配与总消费——及对中国消费不振的分析［J］．中国社会科学（2）．

袁志刚，解栋栋．2011．中国劳动力错配对TFP的影响分析［J］．经济研究（7）．

苑小丰，范辉．2010．城乡收入差距对消费需求影响研究［J］．财经问题研究（6）．

臧旭恒．1994．居民跨时预算约束与消费函数假定及验证［J］．经济研究（9）．

臧旭恒，裴春霞．2004．预防性储蓄、流动性约束与中国居民消费计量分析［J］．经济学动态（12）．

臧旭恒，张继海．2005．收入分配对中国城镇居民消费需求影响的实证分析［J］．经济理论与经济管理（6）．

张军，吴桂英，张吉鹏．2004．中国省际物质资本存量估算：1952-2000［J］．经济研究（10）．

张全红．2009．中国低消费率问题探究［J］．财贸经济（10）．

张沁．2004．对文化消费可持续发展的思考［J］．宏观经济管理（4）．

赵红军，胡玉梅．2016．教育程度一定会提高健康水平吗？——基于中国家庭追踪调查（CFPS）的实证分析［J］．世界经济文汇（6）．

赵秋运，张建武．2023．中国劳动收入份额的变化趋势及其驱动机制新解——基于国际贸易和最低工资的视角［J］．金融研究（12）．

赵秋运，魏下海，张建武．2012．国际贸易、工资刚性和劳动收入份额［J］．南开经济研究（4）．

赵西亮．2003．收入不平等与经济增长关系研究综述［J］．经济学动态（8）．

赵志君．2011．收入分配与社会福利函数［J］．数量经济技术经济研究（9）．

周广肃，樊纲，申广军 . 2014. 收入差距、社会资本与健康水平——基于中国家庭追踪调查（CFPS）的实证分析 [J]. 管理世界（7）.

周明海，肖文，姚先国 . 2010. 企业异质性、所有制结构与劳动收入份额 [J]. 管理世界（10）.

周一星，田帅 . 2006. 以"五普"数据为基础对我国分省城市化水平数据修补 [J]. 统计研究（1）.

周云波 . 2009. 城市化、城乡差距与居民总体基尼系数的变动 [J]. 经济学（季刊）（4）.

朱承亮，师萍，岳宏志，等 . 2011. 人力资本、人力资本结构与区域经济增长效率 [J]. 中国软科学（2）.

朱国林，范建勇，严燕 . 2002. 中国的消费不振与收入分配：理论与数据 [J]. 经济研究（5）.

朱信凯，骆晨 . 2011. 消费函数的理论逻辑与中国化：一个文献综述 [J]. 经济研究（1）.

Aoki S. 2008. A simple accounting framework for the effect of resource misallocation on aggregate productivity [R]. MPRA Paper, No. 11511.

Arrow K J. 1951. *Social Choice and Individual Value* [M]. Weiley Press Corporation.

Askenazy P. 2005. Trade, services and wage inequality [J]. *Oxford Economic Paper*, 57 (4).

Atkinson A B. 1970. On the measurement of inequality [J]. *Journal of Economic Theory*, 2 (3).

Baron R, Kenny D. 1986. The moderator-mediator variable distinction in social psychological research: Conceptual, strategic, and statistical considerations [J]. *Journal of Personality and Social Psychology*, 51 (6).

Basmann R L, Hayes K J, Solottje D J. 1990. A general functional form for approximating the Lorenz curve [J]. *Journal of Econometrics*, 43 (1).

Beach C, Davidson R. 1983. Distribution-free statistical inference with Lorenz curves and income shares [J]. *Review of Economic Studies*, 50 (4).

Bentolila S, Saint-Paul G. 2003. Explaining movements in the labor share [J]. *Contributions to Macroeconomics*, 3 (1).

Bergson A. 1938. A reformulation of certain aspects of welfare economics [J]. *Quarterly Journal of Economics*, 52 (2).

Blakely T, Woodward A, Razum O, et al. 2000. Income inequality and mortality in Canada and the United States [J]. *British Medical Journal*, 321.

Blinder A S. 1975. Distribution effects and the aggregate consumption function [J]. *Journal of Political Economy*, 83 (3).

Browning M, Lusardi A. 2000. Household saving, micro theories, and micro facts [J]. *Journal of Economic Literature*, 34 (4).

Borda J C. 1781. Memoire sur les elections au scrutiny [J]. Memoires de l' Academie Royale des Sciences. English translation by A. Degrazia, 1953.

Chotikapanich D, Griffiiths W E. 2002. Estimating Lorenz curves using a Dirichlet distribution [J]. *Business and Economic Statistics*, 20 (2).

Clarke E H. 1971. Multipart pricing of public goods [J]. *Public Choice*, 11 (1).

Cuesta M B. 2015. Income deprivation and mental well-being: The role of non-cognitive [J]. *Biology*, (17).

Dalton H. 1920. The measurement of the inequality of incomes [J]. *The Economic Journal*, 30 (119).

Dasgupta P, Sen A K, Starret D. 1973. Notes on the measurement of inequality [J]. *Journal of Economic Theory*, 6 (2).

Daudey E, Garcia-Penalosa C. 2007. The personal and the factor distributions of income in a cross-section of countries [J]. *Journal of Development Studies*, 43 (5).

178

Deaton A, Lubotsky D. 2003. Mortality, inequality and race in American cities and states [J]. *Social Science and Medicine*, 56 (6).

Dolan P, Tsuchiya A. 2009. The social welfare function and individual responsibility: Some theoretical issues and empirical evidence [J]. *Journal of Health Economics*, 28 (1).

Dworkin R. 1981. What is equality [J]. *Philosophy and Public Affairs*, 10 (3).

Edgeworth FY. 1881. *Mathematical Psychics* [M]. London: Kegan Paul.

Gorg H, Strobl E, Walsh F. 2002. Why do foreign-owned firms pay more? The role of on-the-job training [J]. *Review of World Economics*, 143 (3).

Groves T. 1973. Incentives in teams [J]. *Econometrica*, 41 (4).

Groves, T. 1970. The allocation of resources under uncertainty: The informational and incentive roles of prices and demands in a team [D]. PHD Dissertation, University of California, Berkeley.

Haavelmo T. 1947. Methods of measuring the marginal propensity to consume [J]. *Journal of the American Statistical Association*, 42 (237).

Hall R. 1978. Stochastic implications of the life cycle-permanent income hypothesis: Theory and evidence [J]. *Journal of Political Economy*, 86 (6).

Harsanyi J C. 1975. Can the maximin principle serve as a basis for morality? A critique of John Rawls's theory [J]. *The American Political Science Review*, 69 (2).

Harsanyi J C. 1953. Cardinal utility in welfare economics and in the theory of risk-taking [J]. *Journal of Political Economy*, 61 (5).

Harsanyi J C. 1955. Cardinal welfare, individualistic ethics, and interpersonal comparisons of utility [J]. *Journal of Political Economy*, 63 (4).

Hicks J R, Allen R G D. 1934. A reconsideration of the theory of value [J]. *Economica*, 1 (2).

Jayadev A. 2007. Capital account openness and the labor share of income [J]. *Cambridge Journal of Economics*, 31 (3).

Kabaca S. 2011. Labor share fluctuations in emerging markets: The role of the cost of borrowing [R]. University of British Columbia, Working Paper.

Kaldor N. 1956. Alternative theories of distribution [J]. *Review of Economic Studies*, 23 (2).

Kaldor N. 1961. Capital accumulation and economic growth [M] // in Lutz F A, Hague D C, eds. *The Theory of Capital*. St. Martins Press.

Kemp M C, Ng Y-K. 1976. On the existence of social welfare functions social orderings and social decision functions [J]. *Economica*, 43 (169).

Kemp M C, Ng Y-K. 1997. More on social welfare functions: The incompatibility of individualism and ordinalism [J]. *Economica*, 44 (173).

Khang Y H, Lynch J W, Yun S, et al. 2004. Trends in socioeconomic health inequalities in Korea: Use of mortality and morbidity measures [J]. *Journal of Epidemiology and Community Health*, 58 (4).

Kolm S C. 1993. The impossibility of Utilitarianism [M] //in Koslowsju P, Shionoya Y, eds. *The Good and the Economical: Ethical Choices in Economics and Management*. Berlin and New York: Spriner-Verlag.

Kongsamut S, Reble S, Xie D. 2001. Beyond balanced growth [J]. *Review of Economic Studies*, 68 (4).

Kurz M. 1968. Optimal economic growth and welfare effects [J]. *International Economic Review*, 9 (3).

Kuznets S. 1942. National income and taxable capacity national income and taxable capacity [J]. *American Economic Review*, 32 (1).

Kuznets S. 1955. Economic growth and income inequality [J]. *The American Economic Review*, 45 (1).

Lagos R. 2006. A model of TFP [J]. *Review of Economic Studies*, 73.

Layard R, Walters A A. 1994. Allowing for income distribution [M] //in

Laylard R, Glasiter S, eds. *Cost-benefit Analysis*, 2nd ed. Cambridge University Press.

Layard R, Mayraz G, Nickell S. 2008. The marginal utility of income [J]. *Journal of Public Economics*, 92 (8-9).

Lerner A P. 1944. *The Economics of Control* [M]. New York: Macmillan.

Li H, Zhu Y. 2006. Income, income inequality and health: Evidence from China [J]. *Journal of Comparative Economics*, 34 (4).

Little I M D. 1952. Social choice and individual values [J]. *Journal of Political Economy*, 60 (5).

Little I M D, Mirrlees J A. 1974. *Project Appraisal and Planning for Developing Countries* [M]. Heinemann Educational Books.

Lorenz M O. 1905. Methods for measuring the concentration of wealth [J]. *Publications of the American Statistical Association*, 9.

Maslow A H. 1943. A theory of human motivation [J]. *Psychological Review*, 50 (4).

McDonald J B, Xu Y J. 1995. A generalization of the beta distribution with application [J]. *Journal of Econometrics*, 66.

Menchik P L, David M. 1983. Income distribution, lifetime savings and bequests [J]. *American Economic Review*, 73 (4).

Modigliani F, Brumberg R. 1954. Utility analysis and the consumption function: An interpretation of the cross-section data [M] //in *The Collected Papers of Franco Modigliani*. The MIT Press, 2005.

Mueller D C. 1989. *Public Choice* II [M]. Cambridge and New York: Cambridge University Press.

Murphy K, Shleifer A, Vishny R. 1989. Income distribution, market size and industrialization [J]. *The Quarterly Journal of Economics*, 104 (3).

Musgrove P. 1980. Income distribution and the aggregate consumption function [J]. *Journal of Political Economy*, 88 (3).

Nash J F. 1950. The bargaining problem [J]. *Econometrica*, 18 (2).

Ng Y-K. 1975. Bentham or Bergson? Finite sensibility, utility functions, and social welfare functions [J]. *Review of Economic Studies*, 42 (4).

Ng Y-K. 1982. The necessity of interpersonal cardinal utilities in distributional judgments and social choice [J]. *Zeitschrift fur National Okomomie*, 42.

Ng Y-K. 1983. Rents and pecuniary externalities in cost-benefit analysis [J]. *American Economic Review*, 73 (5).

Ng Y-K. 1984. Interpersonal level comparability implies comparability of utility differences [J]. *Therory and Decision*, 17 (2).

Ng Y-K. 1990. Welfareism and utilitarianism: A rehabilitation [J]. *Utilitas*, 2 (2).

Ng Y-K. 1996. Happines surveys: Some comparability issues and an exploratory survey based on just perceivable increments [J]. *Social Indicators Research*, 38 (1).

Pareto C. 1896. *D' economie Politique*, 2 Vols [M]. Lausanne: F. Rouge.

Park R P. 1976. An impossible theorem for fixed preferences: A dictatorial Bergson-Samuelson welfare function [J]. *Review of Economic Studies*, 43 (3).

Pickett K E, Wilkinson R G. 2015. Income inequality and health: A causal review [J]. *Social Science & Medicine*, 128.

Preston S H. 1975. The changing relation between mortality and level of economic development [J]. *Population Studies*, 29 (2).

Rawls J. 1971. A *Theory of Justice* [M]. Cambridge, Mass. : Harvard University Press.

Rodgers G B. 1979. Income and inequality as determinants of mortality: An international cross-sectional analysis [J]. *Population Studies*, 33.

Rogerson R. 2008. Structural transformation and the deterioration of european labor market outcomes [J]. *Journal of Political Economy*, 116 (2).

Roemer J E. 1996. *Theories of Distributive Justice* [M]. Harvard University Press.

Rothschild M, Stiglitz J E. 1970. Increasing risk: I. A definition [J]. *Journal of Economic Theory*, 2 (3).

Ryu H K, Slottje D J. 1996. Two flexible functional form approaches for approximating the Lorenz curve [J]. *Journal of Econometrics*, 72 (1).

Samuelson P A. 1938. A note on the pure theory of consumer's behaviour [J]. *Economica*, 5 (17).

Samuelson P A. 1947. *Welfare Economics, Foundations of Economic Analysis* [M]. Harvard University Press.

Samuelson P A. 1967. Arrow's mathematical politics [M] // in Hook S, ed. *Human Values and Economic Policy*. New York: New York University Press.

Samuelson P. 1954. Theoretical note on trade problem [J]. *Review of Economics and Statistics*, 46.

Sarabia J M. 2008. Parametric Lorenz curves: Models and applications [M] //in Chotikapanich D, ed. *Modeling Income Distributions and Lorenz Curves*. Springer New York.

Sarabia J M, Castillo E, Slottje D J. 1999. An ordered family of Lorenz curves [J]. *Journal of Econometrics*, 91 (1).

Sen A K. 1970a. *Collective Choice and Social Welfare* [M]. Holden-Day, San Francisco.

Sen A K. 1970b. The impossibility of a Paretian liberal [J]. *Journal of Political Economy*, 78 (1).

Sen A K. 1973/1997. *On the Economic Inequality* [M]. Oxford: Oxford University Press.

Sen A K. 1974. Informational bases of alternative welfare approaches: Aggregation and income distribution [J]. *Journal of Public Economics*, 3 (4).

Sen A K. 1976. Liberty, unanimity, and right [J]. *Economica*, 43 (171).

Sen A K. 1986. Social choice theory [J]. in Arrow K J, Intriligator M D, eds. *Handbook of Mathematical Economics*, Vol. 3. North Holland: Amsterdam.

Slusky E E. 1915. Sulla Teoria del Bilancie del Consumatore [M] //Readings in Price Theo. London: Allen and Unwin.

Sommet N, Morselli D, Spini D. 2018. Income inequality affects the psychological health of only the people facing scarcity [J]. *Psychological Science*, 29 (12).

Stuphorn V. 2006. Neuroeconomics: Cardinal utility in the orbitofrontal cortex? [J]. *Current Biology*, 16 (15).

Subramanian S V, Kawachi I. 2004. Income inequality and health: What have we learned so far? (Review) [J]. *Epidemiologic Reviews*, 26 (1).

Sundrum R M. 1990. *Income Distribution in Less Development Countries* [M]. London and NewYork: Routledge Press.

Vickrey W. 1945. Measuring marginal utility by reaction to risk [J]. *Econometrica*, 13 (4).

Villalongaolives E, Kawachi I. 2015. The measurement of bridging social capital in population health research [J]. *Health and Place*, 36.

Wagstaff A, Doorslaer E. 2000. Income inequality and health: What does the literature tell us? [J]. *Annual Review of Public Health*, 21 (1).

Wolfson M C, Kaplan G, Lynch J, et al. 2000. Relation between income inequality and mortality: Empirical demonstration [J]. *The Western Journal of Medicine*, 172 (1).

Young A. 2000. The Razor's edge: Distortions and incremental reform in the People's Republic of China [J]. *Quarterly Journal of Economics*, 115 (4).

Zou H. 1994. The spirit of capitalism and long-run growth [J]. *European Journal of Political Economy*, 10 (2).

后 记

在当代中国经济社会的快速发展进程中，收入分配问题犹如一颗隐藏在繁荣背后的石子，虽不直接阻碍前进的车轮，却在不经意间影响着整体的平稳性和可持续性。从城市高楼大厦里的金融从业者与偏远农村务农者之间日益拉大的收入差距，到不同行业间从业者报酬的千差万别，这些现象不断引发人们的思考。这一社会现实促使我开启对中国居民收入分配状况及其宏观效应的研究之旅。

本书内容的写作始于 2010 年，一开始的思考源于对国民福利增长和经济增长不同步性的观察，并不断延伸到对收入分配及国民福利的研究，以及进一步的对收入分配及其各种宏观效应的考察。

今天看来，收入分配不均仍然是困扰中国社会和经济发展的重要问题。对于经济快速增长的不可持续性，收入分配不均引致的宏观需求不足仍然是一个重要原因，收入分配不均造成的国民福利增长不足依旧是社会的一大困扰。

课题的研究遭遇诸多困难与挑战。在数据收集方面，官方基尼系数统计"犹抱琵琶半遮面"，省市级基尼系数数据更是难以获得，微观收入与消费等各种数据不健全不全面。官方统计数据虽然丰富，但部分指标在不同年份或地区的统计口径存在差异，需要进行细致的甄别和调整。例如，对于极高收入群体，数据经常缺失或失真，地下收入、非正规收入数据难以获得，在统计中也难以精确量化。为了获取更全面准确的数据，不得不采用多数据源，以及亲自计算和测算的数据，这样就难免存在一些误差。最后不得不大量采用省级面板数据，小部分章节才采用微观数据进行计算，但难以获取最新年份数据。

在进行理论框架构建时，整合不同经济学流派关于收入分配的观点并非易事。古典经济学、新古典经济学以及现代经济学各派别都有自己的理论框架，在将它们与中国的实际国情相结合的过程中，需要不断地进行逻辑推导和模型验证。例如，在构建收入分配对消费影响的理论模型时，要考虑中国消费文化的特殊性以及社会保障体系的不完善性等因素；对于中国居民的收入分布函数，是帕累托分布，还是对数正态分布，需要不断验证。对模型和理论结论的证明，需要深厚的数学基础，这使得模型的构建和求解过程充满了挑战。经过反复的假设、推导、修正，才最终确定了一套相对合理的分析框架。

感谢博士期间的导师吴超林，虽然现在离博士毕业已有 12 年，但专著内容的写作源于博士期间的研究，在研究的各个关键阶段，吴老师都给予了我悉心的指导和合理的建议。导师严谨的治学态度和渊博的学识为我照亮了前行的道路。专著的部分章节是博士后期间的成果，也要感谢博士后导师温思美教授的指导，与其合作发表的两篇论文都成功入选 2024 年中国知网高被引学者 TOP1% 序列。

同时，也要感谢一路走来共同探讨问题的合作者和同行同事。他们具有不同的学术背景，在学术会议上或者日常的交流中，他们的观点和见解常常给我带来新的启发，使我能够在研究的道路上不断提升自己。

感恩家人对我研究工作的支持，感谢单位领导同事对工作的支持。

本书旨在揭示中国居民收入分配的宏观效应，希望能够为政策制定者、经济学研究者以及广大关心社会发展的人士提供一个参考。然而，这仅仅是一个开始，在未来，随着中国经济社会的进一步发展，收入分配格局也将不断发生变化。期待更多的学者能够关注这一领域，继续深入研究，不断完善相关的理论和政策建议，共同推动中国向着更加公平、高效、可持续的方向发展。

图书在版编目(CIP)数据

中国居民收入分配的宏观效应／王宋涛著．--北京：
社会科学文献出版社，2025.1.--ISBN 978-7-5228
-4843-3

Ⅰ.F126.2

中国国家版本馆 CIP 数据核字第 2024CJ2708 号

中国居民收入分配的宏观效应

著　　者／王宋涛

出 版 人／冀祥德
组稿编辑／陈凤玲
责任编辑／田　康
责任印制／王京美

出　　版／社会科学文献出版社·经济与管理分社（010）59367226
　　　　　地址：北京市北三环中路甲 29 号院华龙大厦　邮编：100029
　　　　　网址：www.ssap.com.cn
发　　行／社会科学文献出版社（010）59367028
印　　装／三河市尚艺印装有限公司

规　　格／开　本：787mm×1092mm　1/16
　　　　　印　张：12.5　字　数：179 千字
版　　次／2025 年 1 月第 1 版　2025 年 1 月第 1 次印刷
书　　号／ISBN 978-7-5228-4843-3
定　　价／99.00 元

读者服务电话：4008918866